Statistik-Fallstudien mit Excel

Joachim Reiter

Statistik-Fallstudien mit Excel

Klausurenkurs für Studierende der Betriebswirtschaft im Bachelor

Joachim Reiter
Fakultät Betriebswirtschaft und Wirtschaftsingenieurwesen
Hochschule Offenburg
Gengenbach, Deutschland

ISBN 978-3-658-16039-5   ISBN 978-3-658-16040-1 (eBook)
DOI 10.1007/978-3-658-16040-1

Die Deutsche Nationalbibliothek verzeichnet diese Publikation in der Deutschen Nationalbibliografie; detaillierte bibliografische Daten sind im Internet über http://dnb.d-nb.de abrufbar.

Springer Gabler
© Springer Fachmedien Wiesbaden GmbH 2017
Das Werk einschließlich aller seiner Teile ist urheberrechtlich geschützt. Jede Verwertung, die nicht ausdrücklich vom Urheberrechtsgesetz zugelassen ist, bedarf der vorherigen Zustimmung des Verlags. Das gilt insbesondere für Vervielfältigungen, Bearbeitungen, Übersetzungen, Mikroverfilmungen und die Einspeicherung und Verarbeitung in elektronischen Systemen.
Die Wiedergabe von Gebrauchsnamen, Handelsnamen, Warenbezeichnungen usw. in diesem Werk berechtigt auch ohne besondere Kennzeichnung nicht zu der Annahme, dass solche Namen im Sinne der Warenzeichen- und Markenschutz-Gesetzgebung als frei zu betrachten wären und daher von jedermann benutzt werden dürften.
Der Verlag, die Autoren und die Herausgeber gehen davon aus, dass die Angaben und Informationen in diesem Werk zum Zeitpunkt der Veröffentlichung vollständig und korrekt sind. Weder der Verlag noch die Autoren oder die Herausgeber übernehmen, ausdrücklich oder implizit, Gewähr für den Inhalt des Werkes, etwaige Fehler oder Äußerungen. Der Verlag bleibt im Hinblick auf geografische Zuordnungen und Gebietsbezeichnungen in veröffentlichten Karten und Institutionsadressen neutral.

Gedruckt auf säurefreiem und chlorfrei gebleichtem Papier.

Springer Gabler ist Teil von Springer Nature
Die eingetragene Gesellschaft ist Springer Fachmedien Wiesbaden GmbH
Die Anschrift der Gesellschaft ist: Abraham-Lincoln-Str. 46, 65189 Wiesbaden, Germany

Inhaltsverzeichnis

1	**Einordnung**		1
	1.1 Einleitung		1
	Literatur		4
2	**Themengebiete der Fallstudien**		7
	2.1 Zentrale Basis		7
		2.1.1 Allgemein	7
		2.1.2 Detaillierung für statistische Parametertests	8
	2.2 Spezifische Ergänzungen		10
		2.2.1 Nutzung von Pivot-Tabellen	11
		2.2.2 Datenanalysefunktionen	17
		2.2.3 Excel-Formeln für Quantilswerte	26
		2.2.4 Excel-Formeln für Werte der Verteilungsfunktionen	27
		2.2.5 Boxplot-Diagramm	28
		2.2.6 Einordnung des Wertebereichs statistischer Kennzahlen	30
		2.2.7 Ausgewählte statistische Themen	33
	Literatur		36
3	**Fallstudie Produktmanagement**		39
	3.1 Beschreibung der Ausgangslage		39
	3.2 Fragestellungen		40
	3.3 Hinweise und Lösung		41
		3.3.1 Tangierte Themengebiete	41
		3.3.2 Lösungsfördernde Strukturfragen	41
		3.3.3 Benötigte statistische Methoden	42
		3.3.4 Umsetzung in Excel	43
		3.3.5 Erläuterungen zur Lösung	43
4	**Fallstudie Fernbuslinienunternehmen**		55
	4.1 Beschreibung der Ausgangslage		55
	4.2 Fragestellungen		56

	4.3	Hinweise und Lösung	57
		4.3.1 Tangierte Themengebiete	57
		4.3.2 Lösungsfördernde Strukturfragen	58
		4.3.3 Benötigte statistische Methoden	59
		4.3.4 Umsetzung in Excel	60
		4.3.5 Erläuterungen zur Lösung	61
	Literatur		73
5	**Fallstudie Call-Center**		**75**
	5.1	Beschreibung der Ausgangslage	75
	5.2	Fragestellungen	76
	5.3	Hinweise und Lösung	76
		5.3.1 Tangierte Themengebiete	76
		5.3.2 Lösungsfördernde Strukturfragen	77
		5.3.3 Benötigte statistische Methoden	77
		5.3.4 Umsetzung in Excel	78
		5.3.5 Erläuterungen zur Lösung	78
	Literatur		87
6	**Fallstudie Warendisposition Handelsunternehmen**		**89**
	6.1	Beschreibung der Ausgangslage	89
	6.2	Fragestellungen	90
	6.3	Hinweise und Lösung	91
		6.3.1 Tangierte Themengebiete	91
		6.3.2 Lösungsfördernde Strukturfragen	91
		6.3.3 Benötigte statistische Methoden	92
		6.3.4 Umsetzung in Excel	93
		6.3.5 Erläuterungen zur Lösung	94
	Literatur		104
7	**Fallstudie Kino**		**105**
	7.1	Beschreibung der Ausgangslage	105
	7.2	Fragestellungen	106
	7.3	Hinweise und Lösung	106
		7.3.1 Tangierte Themengebiete	106
		7.3.2 Lösungsfördernde Strukturfragen	107
		7.3.3 Benötigte statistische Methoden	107
		7.3.4 Umsetzung in Excel	108
		7.3.5 Erläuterungen zur Lösung	109
	Literatur		115

8 Fallstudie Qualitätsmanagement Automobilzulieferer 117
- 8.1 Beschreibung der Ausgangslage 117
- 8.2 Fragestellungen 118
- 8.3 Hinweise und Lösung 119
  - 8.3.1 Tangierte Themengebiete 119
  - 8.3.2 Lösungsfördernde Strukturfragen 119
  - 8.3.3 Benötigte statistische Methoden 120
  - 8.3.4 Umsetzung in Excel 121
  - 8.3.5 Erläuterungen zur Lösung 121
- Literatur 128

9 Fallstudie Organisationsanalyse Versicherungsdienstleister 129
- 9.1 Beschreibung der Ausgangslage 129
- 9.2 Fragestellungen 130
- 9.3 Hinweise und Lösung 131
  - 9.3.1 Tangierte Themengebiete 131
  - 9.3.2 Lösungsfördernde Strukturfragen 131
  - 9.3.3 Benötigte statistische Methoden 132
  - 9.3.4 Umsetzung in Excel 133
  - 9.3.5 Erläuterungen zur Lösung 134

10 Allgemeine Empfehlungen zur Herangehensweise an Datenstudien 145

1 Einordnung

1.1 Einleitung

Die in diesem Werk enthaltenen Fallstudien sind im Rahmen von Statistik-Vorlesungen im Bachelor-Bereich mit insgesamt 6 Semesterwochenstunden (4 h Theorie, 2 h praktische Anwendung am Rechner) an der Hochschule Offenburg entstanden.

Sie sind ausgerichtet auf die Bachelor-Ausbildung in der Betriebswirtschaft. Die gängigen Inhalte in den Lehrveranstaltungen an Hochschulen und Universitäten umfassen nach der Einführung von Grundbegriffen:

- Häufigkeitsverteilungen und Kennzahlen einzelner Merkmale und deren tabellarische und grafische Aufbereitung
- Bivariate Analyse
- Regressionsanalyse
- Zeitreihenanalyse
- Wahrscheinlichkeitsrechnung und -verteilungen
- Stichproben und ihre Wahrscheinlichkeitsverteilungen
- Parameterschätzungen und Konfidenzintervalle
- Statistische Testverfahren

Diese Inhalte werden im vorliegenden Werk nicht vorab in der statistisch-theoretischen Fundierung aufgearbeitet. Hierfür wird auf eine Liste einschlägiger Werke (vgl. „Grundlagenliteratur") verwiesen. Zur Erleichterung der Einordnung werden die in den Fallstudien tangierten Themengebiete aufgelistet und konkrete Literaturhinweise angegeben (vgl. Abschn. 2.1)

Darüber hinausgehende und für die Bearbeitung der Fallstudien relevante und hilfreiche Inhalte werden in Abschn. 2.2 eingeführt. Selbstverständlich gibt es für fast jede Fragestellung alternative Herangehensweisen. Da hier nicht immer alle Varianten dargestellt werden können, dient dieser Abschnitt auch als Einordnung für die in den Lösungen skizzierten Herangehensweisen. Multivariate Analyseverfahren werden nur in Anwendung der Regressionsanalyse behandelt.

Sinn und Zweck von Fallstudien ist es, den gesamten in einer Lehrveranstaltung erlernten Stoff ohne direkten Bezug zum jeweiligen Theoriekapitel eines Lehrbuches adäquat anzuwenden. Hiermit soll ein fundiertes, nachhaltiges Gesamtverständnis erreicht und die Einübung von Transfers realisiert werden.

Das Werk richtet sich somit in erster Linie an Studierende in der Examensvorbereitung und kann insofern auch als Klausurenkurs genutzt werden. Einzelne Fallstudien (z. B. Fallstudie Produktmanagement) können aber auch veranstaltungsbegleitend zum Abschluss eines Themenbereiches, wie z. B. der deskriptiven Statistik bearbeitet werden. Die Bearbeitungszeit ist nicht an einem Raster ausgerichtet, sondern offen. Wichtig ist die eigenständige Auseinandersetzung mit dem Anwendungsfall. Die einzelnen Fallstudien können unabhängig voneinander und in beliebiger Reihenfolge bearbeitet werden.

Es liegen jeweils zum Download unter www.springer.com/9783658160395 vorgehaltene, realistische Datensets in einem Umfang zugrunde, der die Anwendung von Unterstützungssystemen zur Behandlung des Falles erforderlich macht. Dazu ist die Verwendung von Microsoft Excel vorgesehen. Dies ist in der weiten Verbreitung und der entsprechenden Verfügbarkeit in den von Betriebswirten/-innen vorrangig besetzten Arbeitsbereichen begründet. Je Fallstudie gibt es ein eigenes Datenset mit der Bezeichnung der Fallstudie als Dateinamen.

In jeder Fallstudie werden sukzessive Lösungshinweise auf verschiedenen Detailebenen angeboten, um einen möglichst großen Lerneffekt zu erzielen, der bei direktem Verfügbarmachen der Lösungsdetails nicht realisierbar ist. Die einzelnen Stufen sind:

- Auflisten der tangierten Themengebiete
- Lösungsfördernde Strukturfragen, welche die Bearbeitenden zur korrekten Methodenauswahl führen sollen.
- Auflisten der zur Lösung benötigten statistischen Methoden
- Hinweise zur Unterstützung mit Excel in zwei Abstufungen
  - Benennung der Werkzeuge wie z. B. Formeln oder (Datenanalyse-)Funktionen
  - Erläuterungen zur Lösung
- Vollständige Musterlösungsdatei (zum Download unter www.springer.com/ 9783658160395 vorgehalten)
  - Jede Datei beinhaltet ein Tabellenblatt „Rohdaten" mit den entsprechenden Vorgabedaten ohne jegliche Lösungsansätze.
  - Die Musterlösungen stehen in gesonderten Tabellenblättern, die jeweils entsprechend der Nummerierung der Fragestellungen bezeichnet sind.
  - Zur Erleichterung von Formelnachvollzug und Beschreibungsmöglichkeit wurden im Bedarfsfall die jeweils benötigten Rohdaten gesondert in das Lösungstabellenblatt kopiert.

Wie bereits angedeutet, werden nicht in jedem Curriculum die identischen Inhalte gelehrt. Zum erfolgreichen und effizienten Bearbeiten der Fallstudien sollte der Abschn. 2.2 vorab durchgearbeitet werden. Darüber hinaus bietet sich die Sichtung der Lösungshinweise zu den statistischen Methoden mit etwas zeitlichem Vorlauf oder in Lerngruppen durch eine jeweils festzulegende Person an. So lässt sich abgleichen, welche Fallstudienteile mit den behandelten Vorlesungsinhalten adäquat gelöst werden können.

Für die Bearbeitung der Fallstudien bzw. den Nachvollzug der Musterlösungen sei auf folgende Einordnungen gesondert hingewiesen:

- Deskriptive und induktive Statistik:
    - In der einschlägigen Literatur werden die Inhalte von deskriptiver und induktiver Statistik in unterschiedlichen Abschnitten behandelt.
    In der deskriptiven Analyse wird davon ausgegangen, dass alle Beobachtungen der statistischen Einheiten einer Grundgesamtheit vorhanden sind. Der Aussagenbezug betrifft immer die konkret untersuchten Objekte.
    In der induktiven Analyse liegt nur eine Stichprobe von Beobachtungen zu den Objekten einer Grundgesamtheit vor. Die Werte der Stichprobe werden als Realisierungen von Zufallsvariablen aufgefasst. Aus dem Ergebnis der Stichprobe versucht man auf das Verhalten der Grundgesamtheit zu schließen.
- Um prinzipiell den vollständigen Methodenumfang der Bachelorausbildung optional anwenden zu können, wird in den Fallstudien von Stichprobendaten ausgegangen.
    - Damit sind die Kennzahlen der Bivariaten Analyse und der Regressionsanalyse (vgl. Abschn. 2.1) nur Schätzungen und in ihren Ergebnissen mit Unsicherheit behaftet. Aus diesem Grund wird die statistische Signifikanzprüfung der Kennzahlen in Abschn. 2.2 aufgeführt. Ist dieser Aspekt im spezifischen Curriculum nicht behandelt, kann davon unbelassen der vorgelagerte Methodenteil alleinig angewandt werden.
    - Für Varianz, Standardabweichung, Kovarianz und Korrelation unterscheiden sich die Berechnungsformeln in deskriptiver und induktiver Statistik. Da aber für die Berechnung der Korrelation die Kovarianz sowie die Standardabweichungen der beiden Variablen eingehen, heben sich die Unterschiede der Berechnung wieder auf, so dass die Ergebnisse identisch sind. Deshalb gibt es in Excel keine differenzierenden Formeln. Bei Kovarianz, Varianz und Standardabweichung ist das anders. Das Suffix „S" steht für eine Formel auf Basis von Stichprobendaten, das Suffix „P" bzw. „N" steht für die Formel auf Basis der Grundgesamtheit.
- Durchführung der statistischen Tests:
    - Es wird aufgrund von Intransparenz nicht auf die Testmöglichkeiten der Datenanalysefunktionen von Excel zurückgegriffen. Nur in der Fallstudie Organisationsanalyse Versicherungsdienstleister (Kap. 9) wird hierauf verwiesen.
    Stattdessen werden die Tests explizit schrittweise mit Formeln in Verwendung der Excel-Funktionen zu Verteilungsfunktionen bzw. Quantilswerten behandelt. Testszenario, Testform und die letztliche Entscheidung sollen explizit durchdacht und umgesetzt werden, um einen besseren Lerneffekt zu realisieren.

- Die Lösungen der Tests werden so aufbereitet, dass nicht auf Grundlage einer vorgegebenen Irrtumswahrscheinlichkeit über die Ablehnung der Nullhypothese entschieden wird, sondern dass unter der Bezeichnung „Signifikanzniveau" (oder kurz „SIG.") der Wert der Irrtumswahrscheinlichkeit berechnet wird, mit dem die Nullhypothese gerade noch abgelehnt werden kann. Die Gründe hierfür sind:
  - Die Darstellung steht im Einklang mit der Testaufbereitung in den Datenanalysefunktionen sowie in weiteren Statistik-Paketen wie z. B. IBM SPSS.
  - In den Fragestellungen wird der Bearbeiter durch die Vorgaben nicht sofort auf einen statistischen Signifikanztest hingewiesen.
  - Die Alternative, einen Prüfgrößenwert mit einem, aus der vorgegebenen Irrtumswahrscheinlichkeit resultierenden Quantilswert zu vergleichen, kann vom Bearbeitenden unbelassen durchgeführt werden. Die Testentscheidung bleibt letztlich dieselbe. Die entsprechenden Ergebnisse werden für beispielhaft vorgegebene Irrtumswahrscheinlichkeiten in den Lösungen zusätzlich angegeben.

Zuletzt ist zu erwähnen, dass die Bearbeitenden auch in den vorliegenden Fallstudien mittels der – wenn auch allgemein gehaltenen – Fragestellungen an die Lösungen herangeführt werden. Außerdem werden damit explizit Abgrenzungen vorgenommen. Liegt zur Behandlung einer mehr oder weniger scharf formulierten betriebswirtschaftlichen Fragestellung quantitatives Datenmaterial vor, so ist die prinzipielle Vorgehensweise bei der Anwendung statistischer Methoden durchaus vergleichbar. Nun wäre es im Rahmen eines Fallstudienwerkes aber dennoch nicht sinnvoll immer zunächst dieselben Methoden wie z. B. des Preprocessings oder der deskriptiven Aufbereitung vorzusehen. Eben dies wird durch die Fragestellungen entsprechend gesteuert. Um diese Unstimmigkeit zumindest ein wenig aufzulösen, werden zum Abschluss in Kap. 10 allgemeine Empfehlungen zur Herangehensweise an Datenstudien zusammengestellt.

Literatur

Grundlagenliteratur

Bleymüller J, Weißbach R (2015) Statistik für Wirtschaftswissenschaftler, 17. Aufl. Vahlen, München

Cleff T (2015) Deskriptive Statistik und Explorative Datenanalyse, 3. Aufl. Gabler, Wiesbaden

Duller C (2013) Einführung in die Statistik mit EXCEL und SPSS, 3. Aufl. Springer Gabler, Berlin Heidelberg

Kronthaler F (2016) Statistik angewandt, 1. Aufl. Springer, Berlin Heidelberg

Meißner J, Wendler T (2015) Statistik Praktikum mit EXCEL, 2. Aufl. Springer, Wiesbaden

Pulham S (2011) Statistik leicht gemacht. Gabler, Wiesbaden

Punktuell referenzierte Zusatzliteratur

Backhaus K, Erichson B, Plinke W, Weiber R (2015) Multivariate Analysemethoden, 14. Aufl. Springer Gabler, Heidelberg Berlin

Kohn W (2005) Datenanalyse und Wahrscheinlichkeitsrechnung, 1. Aufl. Springer, Berlin Heidelberg

2 Themengebiete der Fallstudien

2.1 Zentrale Basis

2.1.1 Allgemein

Tab. 2.1 Zentrale Basis – Allgemein

Themengebiet	Referenz auf die Grundlagenliteratur
Statistische Grundbegriffe (insbesondere Skalenniveaus)	Cleff (2015, S. 1–23) Duller (2013, S. 6–17) Kronthaler (2016, S. 3–10) Meißner und Wendler (2015, S. 16–17)
Excel-Grundbegriffe	Duller (2013, S. 25–31) Kronthaler (2016, S. 15–20)
Häufigkeitsverteilungen für eindimensionale Verteilungen und deren tabellarische und grafische Aufbereitung	Cleff (2015, S. 29–36) Duller (2013, S. 53–58 und S. 65–78) Kronthaler (2016, S. 53–60) Meißner und Wendler (2015, S. 13–58)
Maßzahlen/Kennzahlen für eindimensionale Verteilungen	Cleff (2015, S. 36–58) Duller (2013, S. 89–108) Kronthaler (2016, S. 23–51) Meißner und Wendler (2015, S. 13–58)
Mehrdimensionale Häufigkeitsverteilungen und Bivariate Analyse (Zusammenhang zweier Merkmale)	Cleff (2015, S. 73–123) Duller (2013, S. 117–134) Kronthaler (2016, S. 71–92 und 195–197) Pulham (2011, S. 43–64) Meißner und Wendler (2015, S. 159–182)

Tab. 2.1 (Fortsetzung)

Themengebiet	Referenz auf die Grundlagenliteratur
Dependenzanalyse (Regressionsanalyse)	Cleff (2015, S. 135–147) Duller (2013, S. 143–149) Kronthaler (2016, S. 213–246) Meißner und Wendler (2015, S. 182–195)
Zeitreihenanalyse	Meißner und Wendler (2015, S. 213–247)
Wahrscheinlichkeitsbegriffe und -verteilungen	Bleymüller und Weißbach (2015, S. 31–31 und 63–78)
Konfidenzintervalle	Bleymüller und Weißbach (2015, S. 107–114) Pulham (2011, S. 117–131)
Statistische Parametertests	Bleymüller und Weißbach (2015, S. 125–145) Pulham (2011, S. 131–151)
Statistische Verteilungstests (Anpassungstests)	Bleymüller und Weißbach (2015, S. 158–161) Pulham (2011, S. 151–157)

2.1.2 Detaillierung für statistische Parametertests

Die für die Lösung der Fallstudien anwendbaren Parametertests sowie Einordnungen zur konkreten Verwendung sind in der nachfolgenden Übersicht aufgelistet.

Sofern Excel für die Tests eine gesonderte Unterstützung über „Daten – Datenanalyse" bietet, wird dies nachfolgend nur informativ ergänzend neben der Angabe zur Basisliteratur vermerkt. Eine explizite Verwendung erfolgt, wie bereits erwähnt, aus didaktischen Gründen nicht.

Allerdings wird in der Fallstudie „Organisationsanalyse Versicherungsdienstleister" (vgl. Kap. 9) hierauf, parallel zum ausführlichen und expliziten Testdurchlauf, beispielhaft Bezug genommen.

Tab. 2.2 Zentrale Basis – Detaillierung für statistische Parametertests

Ein-Stichproben-Tests für den Erwartungswert	Bleymüller und Weißbach (2015, S. 134–136) Pulham (2011, S. 134–142) Kronthaler (2016, S. 151–160)
Zwei-Stichproben-Tests für den Vergleich zweier Erwartungswerte	
Generell zu prüfende Prämisse: Grundgesamtheiten so groß, dass die Korrektur für endliche Grundgesamtheiten vernachlässigt werden können. Das heißt, es sollte gelten: $n/N < 0{,}05$	

2.1 Zentrale Basis

Tab. 2.2 (Fortsetzung)

Variante 1: Für die beiden unabhängigen Stichproben gilt jeweils, dass sie entweder normalverteilt sind oder die Stichprobengröße über 30 hinausgeht[a], Varianzen sind unbekannt, aber man weiß, oder muss davon ausgehen, dass die Varianzen in den Gruppen gleich sind → t-Test	Bleymüller und Weißbach (2015, S. 138 f.) Pulham (2011, S. 147) Kronthaler (2016, S. 161–164) Excel: Daten – Datenanalyse – Zweistichproben t-Test: Gleicher Varianzen
Variante 2: Für die beiden unabhängigen Stichproben gilt jeweils, dass sie entweder normalverteilt sind, oder die Stichprobengröße über 30 hinausgeht, Varianzen sind bekannt, aber man weiß, oder kann davon ausgehen, dass die Varianzen in den Gruppen verschieden sind → Standardnormalverteilungstest. Auch bei unbekannten Varianzen anwendbar, wenn die Stichprobengröße in beiden Stichproben über 30 hinausgeht	Bleymüller und Weißbach (2015, S. 137 f.) Pulham (2011, S. 147) Excel bei bekannten Varianzen: Daten – Datenanalyse – Zweistichproben Test bei bekannten Varianzen Excel bei unbekannten Varianzen: Daten – Datenanalyse – Zweistichproben t-Test: Unterschiedlicher Varianzen[b]
Ein-Stichprobentest für den Anteilswert[c] in Approximation der Prüfgröße durch die Standardnormalverteilung unter Vernachlässigung der Stetigkeitskorrektur. Ob der Korrekturterm für endliche Grundgesamtheiten vernachlässigt werden kann, sollte mit dem Kriterium $n/N < 0{,}05$ überprüft werden. Ist dieses Kriterium nicht erfüllt, muss von einer Ziehtechnik ohne Zurücklegen ausgegangen werden und der Korrekturterm bei der Berechnung der Standardabweichung eingebunden werden	Bleymüller und Weißbach (2015, S. 127–130 und als Grundlage S. 100f sowie S. 80–83 [Prüfkriterien für Approximation])
Zwei-Stichprobentest auf die Differenz zweier Anteilswert in Approximation der Prüfgröße durch die Standardnormalverteilung unter Vernachlässigung der Stetigkeitskorrektur. Es wird davon ausgegangen, dass der Korrekturterm für endliche Grundgesamtheiten vernachlässigt werden kann. Dies sollte aber für jede Gruppe mit dem Kriterium $n/N < 0{,}05$ überprüft werden	Bleymüller und Weißbach (2015, S. 140 und als Grundlage S. 102–104 sowie S. 80–83 [Prüfkriterien für Approximation])

Tab. 2.2 (Fortsetzung)

Ein-Stichproben-Tests für die Varianz	Bleymüller und Weißbach (2015, S. 136 f.) Pulham (2011, S. 143–144)
Zwei-Stichproben-Tests für den Vergleich von Varianzen	Bleymüller und Weißbach (2015, S. 140–143) Pulham (2011, S. 149–151) Excel: Daten – Datenanalyse – Zwei-Stichproben F-Test

[a] Dann lässt sich in einem Fall über die Reproduktionseigenschaft und im anderen Fall über den Zentralen Grenzwertsatz für die Stichprobenmittel auf eine Normalverteilung schließen (Bleymüller und Weißbach 2015, S. 101 f.).

[b] Es handelt sich hierbei um einen modifizierten t-Test, der auch bei unterschiedlichen Varianzen durchgeführt werden kann. Vor dem Hintergrund der zitierten Basisliteratur, wird dieser Test in der ausführlichen Anwendung in den Fallstudien nicht angewendet, sondern auf hinreichend große Stichproben abgestellt, und dann mit dem Standardnormalverteilungstest gearbeitet. Am Beispiel der Fallstudie Organisationsanalyse Versicherungsdienstleister lässt sich nachvollziehen, dass sich die Ergebniswerte bei Erfüllung der Approximationsanforderung nur rudimentär unterscheiden.

[c] Das zugrunde liegende Merkmal ist dabei binär kodiert. Das heißt das Merkmal liegt beim entsprechenden Fall entweder vor, oder eben nicht. Der Anteilswert ergibt sich aus der Betrachtung der gesamten Stichprobe. Davon zu unterscheiden sind Merkmale, die in jedem Datensatz mit einem Prozentwert (als Anteilswert) gemessen wurden (z. B. Anteil der weiblichen Mitarbeiter an der Gesamtbelegschaft eines Unternehmens in einer Studie zu Telekommunikationsunternehmen). Für entsprechende Tests, ob sich der durchschnittliche Prozentwert ausgehend von einem historisch bekannten Wert im Vergleich zur aktuellen Studie verändert hat, kann, je nach Datenbestand, auf den t- oder den Standardnormalverteilungstest zurückgegriffen werden.

2.2 Spezifische Ergänzungen

Um eine effiziente Analyse und Umsetzung von realistischen Fallstudien zu ermöglichen, müssen einzelne Aspekte der referenzierten Grundlagenliteratur ergänzt bzw. weiter detailliert werden. Dies betrifft z. B. Pivot-Tabellen und Datenanalysefunktionen. Durch Letztere wird eine große Bandbreite von statistischen Methoden angeboten. Der Fokus liegt im vorliegenden Werk auf den zuvor genannten Themengebieten, wobei ausgewählte statistisch-fachliche Inhalte, wie z. B. Tests im Rahmen der Regressionsanalyse, gesondert hervorgehoben werden.

Der Abschnitt ist so organisiert, dass die Excel-Features die strukturgebende Einheit darstellen und betroffene statistische Inhalte bei Bedarf in diesem Zusammenhang aufgearbeitet werden (vgl. Abschn. 2.2.1–2.2.5). Weitere, ausgewählte statistische Inhalte, die im Wesentlichen durch eigenerstellte Formeln in Excel umgesetzt werden müssen, werden im Anschluss daran aufgelistet (vgl. Abschn. 2.2.7). Zuvor wird in Abschn. 2.2.6 noch eine Interpretationshilfe zu den Wertebereichen von, in den Fallstudien benötigten, Kennzahlen gegeben.

2.2 Spezifische Ergänzungen

Insgesamt vermittelt dieser Abschnitt auch eine Einordnung, welche Herangehensweisen und Berechnungsmethoden zur Lösung der Fallstudien genutzt werden sollten.

2.2.1 Nutzung von Pivot-Tabellen

Pivot-Tabellen sind in erster Linie für die schnelle Erstellung von ein- und zweidimensionalen Häufigkeitsverteilungen sowie für die Berechnung von eindimensionalen Kennzahlen inklusive logischer „und"- bzw. „oder"-Verknüpfungen hilfreich. Die entsprechenden Möglichkeiten werden nachfolgend anhand des Datensets aus der Fallstudie „Fernbuslinienunternehmen" aufgezeigt (Datei „Pivottabellen.xlsx").

Den Ausgangspunkt bilden die folgenden Merkmale aus dem Tabellenblatt „Rohdaten":

- Verpflegung (Spalte A)
- Pünktlichkeit (Spalte B)
- Operativer Ablauf (Spalte C)
- Hygiene (Spalte D)
- Gesamtzufriedenheit (Spalte E)

Alle Menüaufrufe erfolgten in „Pivottabellen.xlsx" ausgehend vom Tabellenblatt „Rohdaten".

2.2.1.1 Eindimensionale Häufigkeitsverteilungen

Die nachfolgenden Ausführungen beziehen sich auf das Merkmal (Bewertung von) „Operativer Ablauf" und beginnen mit dem Menü-Aufruf „Einfügen – PivotTable".

Im sich öffnenden Dialogfeld ist unter „Tabelle/Bereich" der Zellenbereich (inklusive Merkmalsnamen) anzugeben, in welchem die Daten zu den Merkmalen stehen, für die eine Häufigkeitstabelle erstellt werden soll. Ebenso ist eine Zelle zu spezifizieren, an welcher Stelle die Pivot-Tabelle erzeugt werden soll (hier in Zelle G1 des aktuellen Datenblattes; vgl. Abb. 2.1 links oben). Das Dialogfeld wird zuletzt mit „OK" geschlossen.

Es wird zunächst ein Platzhalterobjekt (z. B. „PivotTable1") sowie (bei angeklickter Pivot-Tabelle) ein Editierbereich („PivotTable-Felder") angezeigt. In Letztgenanntem werden anschließend die konkreten Inhalte für die Pivot-Tabelle festgelegt.

Nach Schließen des Editierbereiches, oder wenn in eine Zelle außerhalb der Pivot-Tabelle geklickt wurde, kann zu dessen erneuter Anzeige in die Pivot-Tabelle geklickt werden, oder man nutzt in der Pivot-Tabelle das Kontextmenü und dort den Eintrag „Feldliste anzeigen".

Durch Ziehen des Merkmals „Operativer Ablauf" aus dem Bereich „In den Bericht aufzunehmende Felder auswählen:" in den Bereich „ZEILEN" werden bereits die im Datenbestand vorhandenen Merkmalsausprägungen in der Pivot-Tabelle angezeigt. Die

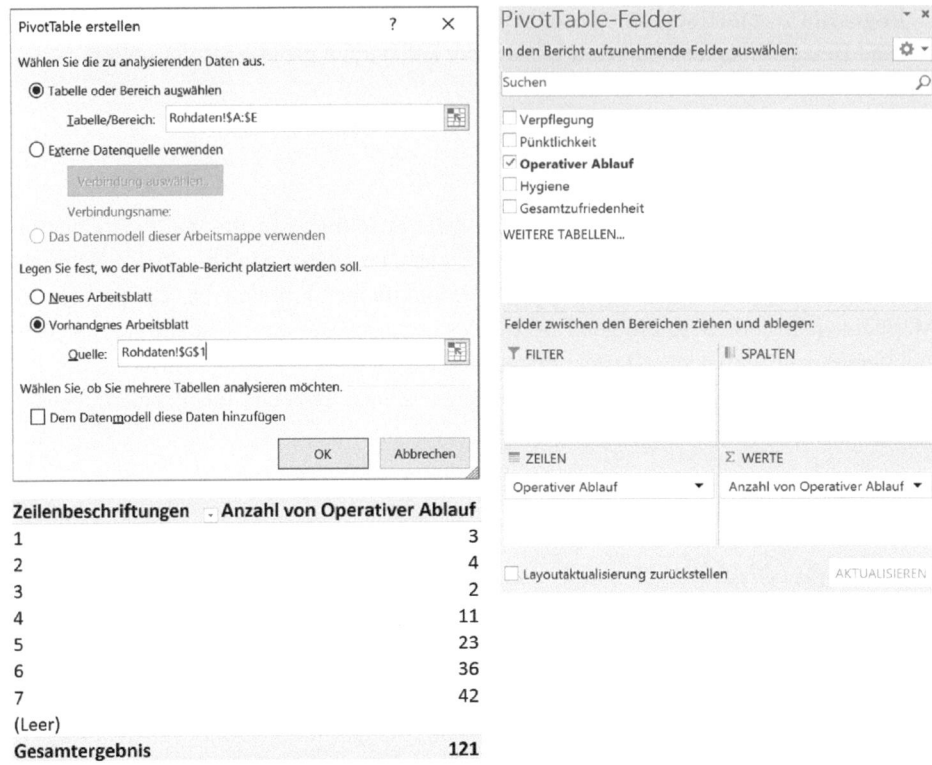

Abb. 2.1 Eindimensionale Häufigkeitstabelle mit Pivot-Tabelle

Ausprägung „(Leer)" steht für die Datensätze, in welchen das Merkmal keinen Wert durch den Befragten erhalten hat. Dies entspricht „Fehlenden Werten" („Missing Values").

Durch zusätzliches Ziehen des Merkmals „Operativer Ablauf" in den Bereich „WERTE" (vgl. Abb. 2.1 rechts) werden die absoluten Häufigkeiten zu den Merkmalsausprägungen in der Pivot-Tabelle angezeigt (vgl. Abb. 2.1 links unten).

Beginnt der Eintrag im Bereich „WERTE" nicht mit „Anzahl" (sondern z. B. „Summe"), so nutzen Sie die Drop-Down-Schaltfläche des Eintrags und wählen dort „Wertfeldeinstellungen" (vgl. Abb. 2.2 links).

Wählen Sie dort den passenden Eintrag aus dem Bereich „Wertfeld zusammenfassen nach" aus und quittieren den Dialog mit (OK). Diese Funktion nutzen Sie auch dann, wenn Sie nicht eine Häufigkeitstabelle erstellen, sondern z. B. eine Kennzahlenberechnung (z. B. „Mittelwert") durchführen möchten (vgl. Abb. 2.2 rechts).

Die angezeigten Werte können anschließend in Diagrammen oder weiteren Berechnungen genutzt werden.

2.2 Spezifische Ergänzungen

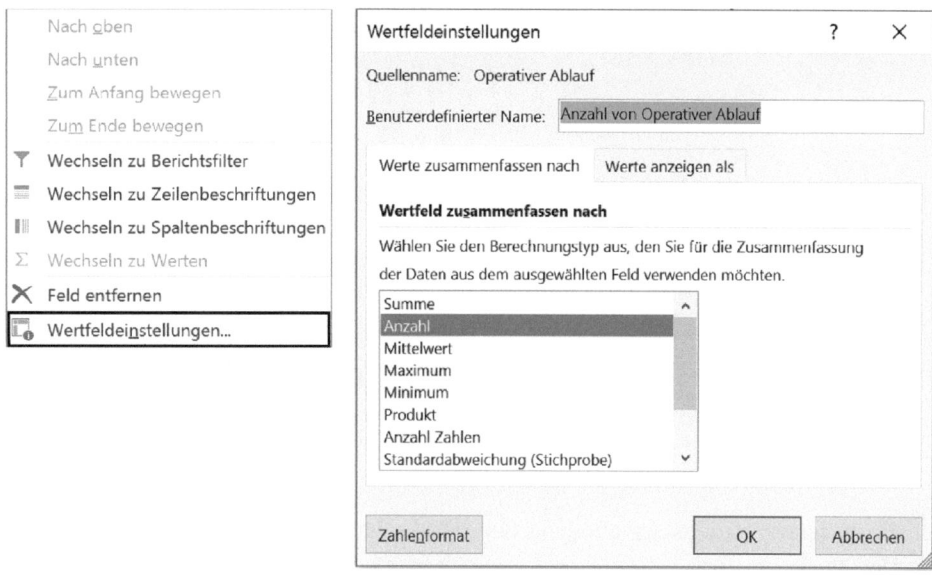

Abb. 2.2 Auswahl der Wertfeldeinstellung in „WERTE" einer Pivot-Tabelle

Tipp:
Um nachfolgend in weiteren Berechnungen auf die Inhalte der Pivot-Tabelle zurückzugreifen, übernehmen Sie die Zellbezeichnung nicht per Klick in die Formel, sondern schreiben explizit die Zellbezeichnung ein, weil ansonsten nicht die Zellbezeichnung, sondern der in der unten angefügten Rubrik „Ohne Kopiervorgang" enthaltene etwas kryptische Verweis erscheint.

Ist dies zu aufwendig, kann, wenn sich die zu analysierenden Daten nicht mehr verändern, um die Formeln in weiteren Berechnungen nachvollziehbar zu halten, die Pivot-Tabelle mit der Einfügen-Option „nur Werte" in einen anderen Bereich kopiert werden. Zum Vergleich nachfolgend die Formeln zur Berechnung der relativen Häufigkeit für die Merkmalsausprägung 1.

- Ohne Kopiervorgang:
=PIVOTDATENZUORDNEN(„Operativer Ablauf";$G$1;„Operativer Ablauf";1)/
PIVOTDATENZUORDNEN(„Operativer Ablauf";$G$1)
- Mit Kopiervorgang (in Zelle G20):
=H21/H29

2.2.1.2 Zweidimensionale Häufigkeitsverteilungen
Die nachfolgenden Ausführungen beziehen sich auf die Merkmale (Bewertung von) „Operativer Ablauf" und (Bewertung von) „Gesamtzufriedenheit", wobei auf die zuvor erstellte

Anzahl Operativer Ablauf	Gesamtzufriedenheit 1	2	3	4	5	6	7	(Leer)	Gesamtergebnis
1	2	1							3
2	2	1		1					4
3			1	1					2
4				2	1	3	2	3	11
5					7	8	8		23
6			1	1	10	17	7		36
7				1	2	1	17	21	42
(Leer)									
Gesamtergebnis	4	2	5	13	22	44	31		121

Abb. 2.3 Zweidimensionale Häufigkeitstabelle mit Pivot-Tabelle

eindimensionale Häufigkeitsverteilung und die dortigen Ausführungen zurückgegriffen werden kann.

Bei der Zuordnung von Pivot-Tabellenfeldern zu den jeweiligen Bereichen ziehen Sie nun zusätzlich das zweite Merkmal in den Bereich „SPALTEN" (vgl. Abb. 2.1 rechts). Welches Merkmal über die Spalten und welches über die Zeilen abgetragen wird, obliegt der Entscheidung des Nutzers.

Durch Ziehen eines der Merkmale (für die Wertfeldeinstellung „Anzahl") in den Bereich „WERTE" werden die absoluten Häufigkeiten zu den Merkmalsausprägungskombinationen in der Pivot-Tabelle angezeigt (vgl. Abb. 2.3). Die Überschrift für Zeilen- und Spaltenbeschriftung wurde angepasst.

Für die Erstellung von zweidimensionalen Häufigkeitstabellen ist die Wahl des Merkmals für den Bereich „WERTE" beliebig.

2.2.1.3 Berechnung eindimensionaler Kennzahlen

2.2.1.3.1 Mittelwert und Standardabweichung

Ausgehend von der Erzeugung einer eindimensionalen Häufigkeitsverteilung für das Merkmal (Bewertung von) „Operativer Ablauf" (vgl. Abb. 2.1 rechts) wird im Bereich „WERTE" die Wertfeldeinstellung auf „Mittelwert" bzw. „Standardabweichung" geändert (vgl. Abb. 2.2). Das betrachtete Merkmal wird aus dem Bereich „ZEILEN" entfernt. Die Bereiche „ZEILEN" und „SPALTEN" sind somit zunächst leer.

Sollen in einem Schritt die Kennzahlen mehrerer Merkmale berechnet werden, so können diese zusammen (ggf. wiederholend) in den Bereich „WERTE" hereingezogen werden. Analog ist vorzugehen, wenn gleichzeitig verschiedene Kennzahlen zu einem Merkmal berechnet werden sollen (vgl. Abb. 2.4 links). Der Eintrag „Σ Werte" wird dann automatisch eingefügt. Er kann beliebig zwischen den Bereichen „ZEILEN" und „SPAL-

2.2 Spezifische Ergänzungen

Abb. 2.4 Mittelwert- und Standardabweichungsberechnung mit Pivot-Tabelle

TEN" hin- und hergezogen werden. Entsprechend ist dann die Darstellung in der Ausgabe (vgl. Abb. 2.4 rechts).

2.2.1.3.2 Bedingte Mittelwerte und Standardabweichungen

Ausgehend von zweidimensionalen Häufigkeitsverteilungen interessiert mitunter, welche Kennzahl das eine Merkmal annimmt, wenn die Merkmalsausprägung des anderen Merkmals fest vorgegeben ist. Das Beispiel zur zweidimensionalen Häufigkeitsverteilung aus dem vorherigen Abschnitt (vgl. Abb. 2.3) wird aufgegriffen und die Wertfeldeinstellung auf „Mittelwert" geändert.

In diesem Fall ist es nun nicht mehr egal, welches Merkmal in den „WERTE" Bereich gezogen wird. In der Konstellation von Abb. 2.3 würden die bedingten Mittelwerte von „Operativer Ablauf" produziert. Das Merkmal, welches die Bedingung formuliert („Gesamtzufriedenheit"), ist hier im Bereich „SPALTEN" abgetragen (vgl. Abb. 2.5 links). Es könnte auch im Bereich „ZEILEN" stehen, dann wäre lediglich die Orientierung der Ergebnisdarstellung anders (vgl. Abb. 2.5 rechts). Das Merkmal „Operativer Ablauf" wird gänzlich aus dem Bereich „ZEILEN" (bzw. „SPALTEN") entfernt.

In der Zeile „Mittelwert von Operativer Ablauf" ist in der Spalte mit dem Wert 1 für die Spaltenbeschriftung der Mittelwert von „Operativer Ablauf" unter der Bedingung, dass

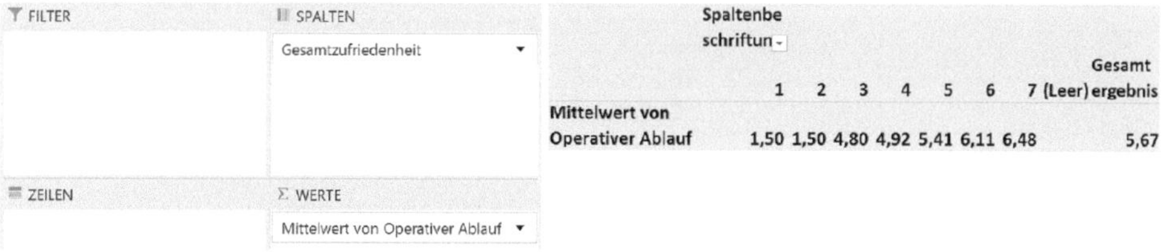

Abb. 2.5 Bedingte Mittelwertberechnung mit Pivot-Tabelle

die Gesamtzufriedenheit mit dem Wert 1 bewertet wurde, angezeigt. In der Spalte „Gesamtergebnis" ist wieder der Gesamtmittelwert dargestellt (vgl. Abb. 2.4).

Analog lassen sich die bedingten Mittelwerte von „Gesamtzufriedenheit" mit „Operativer Ablauf" als dem bedingungsformulierenden Merkmal berechnen. Es ist dann das Merkmal „Gesamtzufriedenheit" in den Bereich „WERTE" und das Merkmal „Operativer Ablauf" in einen der Bereiche „ZEILEN" oder „SPALTEN" zu ziehen.

2.2.1.3.3 Kennzahlenberechnungen unter Berücksichtigung von Kriterien

Die Berechnung von Häufigkeiten oder eindimensionalen Kennzahlen kann unter Berücksichtigung von Zusatzkriterien (logische „und"- bzw. „oder"-Verknüpfungen) vorgenommen werden. Die beispielhafte Verdeutlichung erfolgt für die Wertfeldeinstellung „Anzahl" in Fortführung des Beispiels der zweidimensionalen Häufigkeitsverteilung aus Abb. 2.3. Das Vorgehen für die anderen möglichen Wertfeldeinstellungen ist analog.

Merkmale, die bei der Kriterienformulierung genutzt werden sollen, müssen in den Bereich „FILTER" gezogen werden. Im Beispiel wird diese Rolle vom Merkmal „Verpflegung" übernommen. Dieses wird dann oberhalb der Pivot-Tabelle zusätzlich angezeigt. Zunächst ergibt sich dadurch keine Änderung der Häufigkeitswerte (vgl. Abb. 2.3).

Mit dem Dropdown-Feld neben der Filtervariable in der Pivot-Tabelle können nun einzelne Merkmalsausprägungen ausgewählt werden (vgl. Abb. 2.6 links). Nur Datensätze, die dieses Kriterium erfüllen, gehen dann noch in die Auswertung der Pivot-Tabelle ein. Mit den konkreten Setzungen gehen dann nur noch 44 Datensätze in die Häufigkeitstabelle ein – eben solche, die im Merkmal „Verpflegung" die Werte 6 **ODER** 7 aufweisen (vgl. Abb. 2.6 rechts).

Zur Realisierung von **UND**-Verknüpfungen müssen mehrere Merkmale in den Bereich „FILTER" gezogen werden. Im Beispiel wird ausgehend von Konstellation und Einstellung aus Abb. 2.6 das Merkmal „Pünktlichkeit" zusätzlich aufgenommen. Auch dieses Merkmal wird oberhalb der Pivot-Tabelle angezeigt und es können über sein Dropdown-

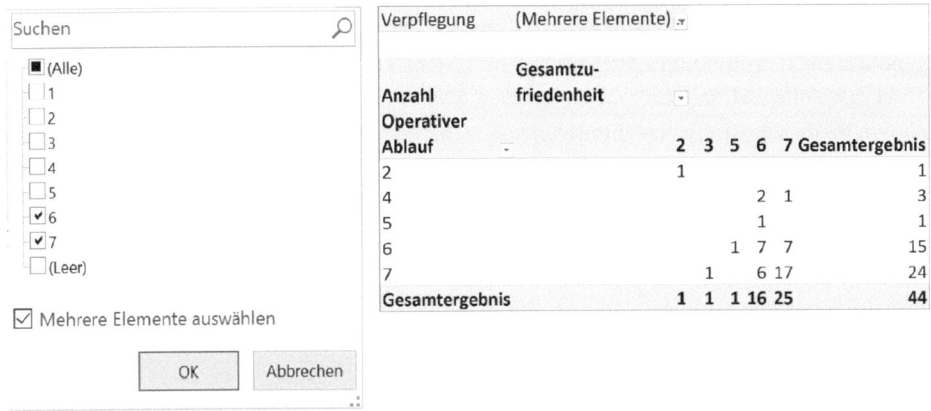

Abb. 2.6 Häufigkeitsverteilung mit ODER-Filter-Kriterium als Pivot-Tabelle

2.2 Spezifische Ergänzungen

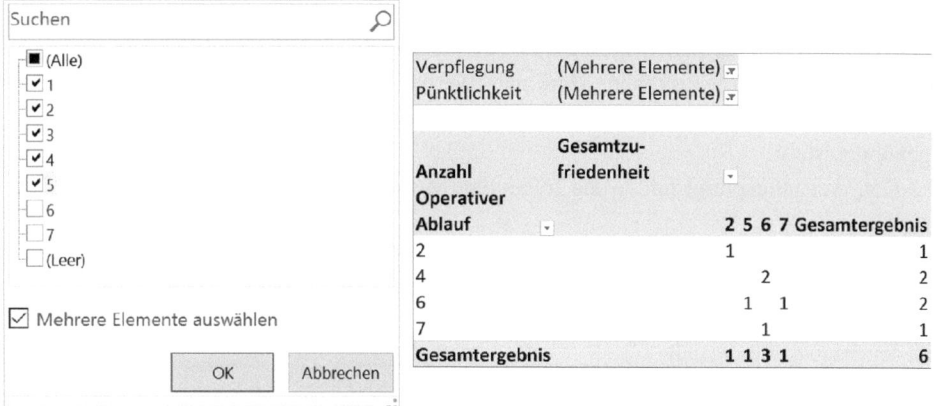

Abb. 2.7 Häufigkeitsverteilung mit UND-Filter-Kriterium als Pivot-Tabelle

Feld die gewünschten Selektionen eingestellt werden. Hier werden nur noch solche Datensätze berücksichtigt, die für „Pünktlichkeit" Merkmalsausprägungen kleiner oder gleich 5 aufweisen (vgl. Abb. 2.7 links). Die eingestellten Kriterien für „Verpflegung" und „Pünktlichkeit" werden automatisch mit einem logischen „UND" verknüpft. Im Beispiel erfüllen nur noch 6 Datensätze alle Kriterien (vgl. Abb. 2.7 rechts).

Um als zusätzliche Erweiterung die „ODER"-Verknüpfung auf mehrere Merkmale beziehen zu können (z. B. Altersgruppe = 1 oder Pünktlichkeit > 5), müsste auf die Excel-DB-Funktionen für Anzahl (DBANZAHL), Mittelwert (DBMITTELWERT) etc. gewechselt werden. Da die Relevanz solcher Konstellationen aber eher eingeschränkt ist und in den Fallstudien nicht auftritt, wird diese Thematik hier nicht weiter behandelt.

2.2.2 Datenanalysefunktionen

Die Datenanalysefunktionen befinden sich im Menü „Daten" unter dem Eintrag „Datenanalyse". Ist dieser Eintrag nicht vorhanden, lässt er sich wie folgt einstellen:

- Datei – Optionen – Add-Ins
- Unter „Verwalten" die Schaltfläche „Los" klicken
- In „Verfügbare Add-Ins" die Checkbox bei „Analyse-Funktionen" anhaken
- Letzten Detaildialog mit „OK" quittieren.

Es werden nicht alle Möglichkeiten der Analyse-Funktionen aufgezeigt, sondern nur solche, die für die Behandlung der Fallstudien und die dort betroffenen Themengebiete relevant sind.

Die folgenden Ausführungen werden anhand eines einfachen Datasets aus dem Bereich Preis – Absatz (Datei „Preis_Menge_Werbeausgaben.xlsx") beispielhaft verdeutlicht. Für ein Konsumgut wurde dabei in 20 von Lage, Größe und Frequentierung her vergleichbaren Einzelhandelsgeschäften der Wochenabsatz (Merkmal „Menge") erhoben und dieser den Werbeausgaben (Merkmal „Werbeausgaben") für die entsprechende Handelswoche sowie den in den Geschäften gesetzten Wochenpreise (Merkmal „Preis") gegenübergestellt.

Den Ausgangspunkt bilden die folgenden Merkmale aus dem Tabellenblatt „Rohdaten":

- Menge (Spalte A)
- Preis (Spalte B)
- Werbeausgaben (Spalte C)

2.2.2.1 Klassierte Häufigkeitsverteilungen

Bei klassierten Häufigkeitsverteilungen (vgl. Meißner und Wendler 2015, S. 37–40) wird der Wertebereich eines metrischen Merkmals so in Klassen unterteilt, dass:

- nur benachbarte Merkmalsausprägungen in einer Klasse zusammengefasst werden,
- alle Merkmalsausprägungen abgedeckt werden, und
- es keine Überschneidungen zwischen den Klassen gibt.

Die Anzahl der Klassen soll dabei nicht größer als die Wurzel der Beobachtungswerte sein. Bei selbst vorgegebener Klassendefinition (Anzahl von Klassen mit Benennung und den durch die Klassenunter- bzw. -obergrenze determinierten Intervallen) kann die klassierte Häufigkeitsverteilung leicht über die Menüfolge „Daten – Datenanalyse – Histogramm" erstellt werden. Die Konvention von Excel sieht dabei die Klassenobergrenze als zum Intervall gehörig und die Klassenuntergrenze (mit Ausnahme der kleinsten Klasse) als nicht zum Intervall gehörig an.

Das Vorgehen wird nachfolgend für das Attribut „Menge" illustriert (vgl. Tabellenblatt „Klassieren" in der Datei „Preis_Menge_Werbeausgaben.xlsx").

Ausgangspunkt ist die Vorgabe der Klassendefinition entsprechend Abb. 2.8 links. Für die weitere Nutzung der Analysefunktion ist dabei lediglich die jeweilige „Obergrenze" relevant.

Die Berechnung der Klassenhäufigkeiten erfolgt über Daten – Datenanalyse – Histogramm (vgl. Abb. 2.8 rechts). Im „Eingabebereich" wird der Zellbereich, wo die Daten des zu klassierenden Merkmals liegen, deklariert. Als „Klassenbereich" werden nur die Zellen mit den Werten der Intervallobergrenzen angegeben. Wird die Checkbox „Beschriftungen" aktiviert, so müssen in beiden vorher deklarierten Bereichen die Überschriften vorliegen und bei der Markierung miteinbezogen werden.

In den Darstellungsoptionen der Datenanalysefunktion „Histogramm" kann die Option „Diagrammerstellung" gewählt werden (vgl. Abb. 2.8 rechts). Das Ergebnis ist allerdings nicht wirklich ein Histogramm, welches ein Flächendiagramm ist, sondern ein Säulendiagramm. Die korrekte Darstellung von Histogrammen in Excel ist nur mit sehr aufwändigen Hilfsmitteln möglich, und wird hier nicht weiter betrachtet.

2.2 Spezifische Ergänzungen

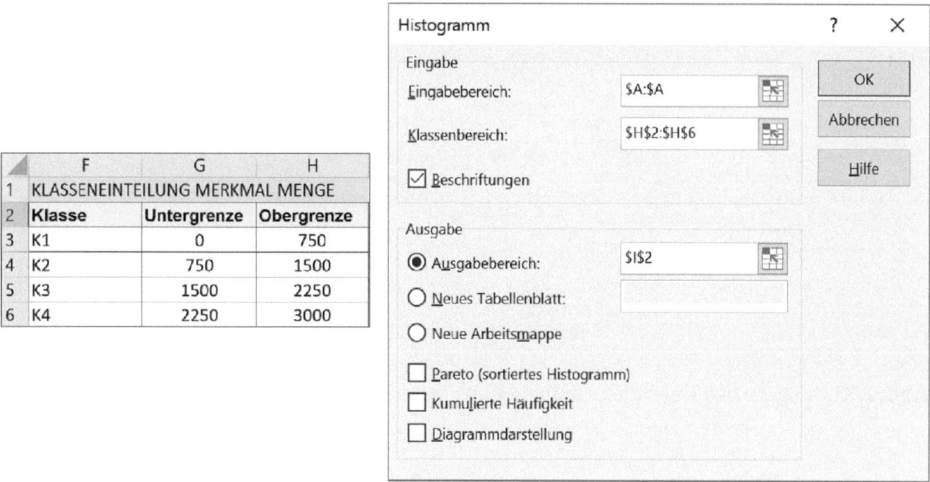

Abb. 2.8 Klassieren – Klassendefinition und Einstellungen

	F	G	H	I	J
1	KLASSENEINTEILUNG MERKMAL MENGE				
2	Klasse	Untergrenze	Obergrenze	Obergrenze	Häufigkeit
3	K1	0	750	750	0
4	K2	750	1500	1500	1
5	K3	1500	2250	2250	11
6	K4	2250	3000	3000	8
7				und größer	0

Abb. 2.9 Ergebnisdarstellung klassierte Häufigkeitsverteilung

Die Ausgabe wurde über den „Ausgabebereich" im Vorschritt so eingerichtet, dass die Vorgabetabelle entsprechend um die Angabe zur klassierten Häufigkeit je Klasse ergänzt wird (vgl. Abb. 2.9). Die Angabe zur Obergrenze erscheint doppelt und kann ggf. einmal gelöscht werden.

2.2.2.2 Korrelationsanalyse

2.2.2.2.1 Berechnung Korrelationsmatrix

Über die Menüfolge „Daten – Datenanalyse – Korrelation" bietet sich die Möglichkeit für eine Liste von metrisch skalierten Merkmalen alle paarweisen Korrelationskoeffizienten in einem Schritt zu berechnen. Die Merkmale müssen in der Excel-Rohdatentabelle in einem zusammenhängenden Bereich stehen, d. h. sie müssen jeweils in benachbarten Spalten aufgeführt sein. Ist dies in der Ausgangslage nicht der Fall, müssen die fokussierten Merkmale z. B. in ein eigenes Tabellenblatt kopiert und die Analyse von hier ausgehend gestartet werden. Als Beispiel sollen die paarweisen Korrelationswerte für alle Merk-

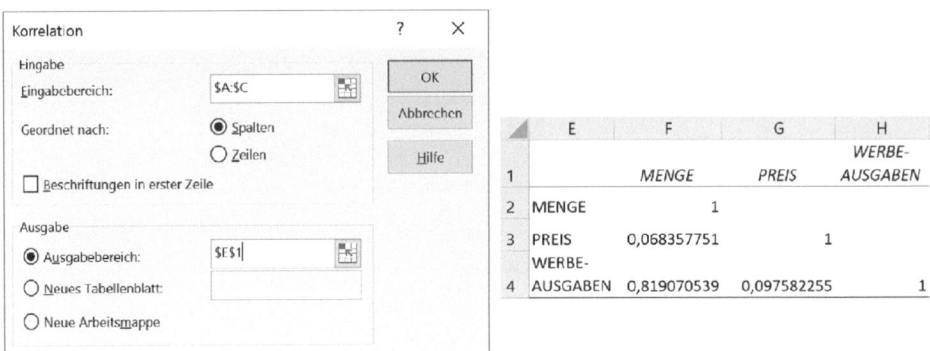

Abb. 2.10 Eingabe und Ergebnisdarstellung Korrelationsmatrix

male aus dem Datenset berechnet werden (vgl. Tabellenblatt „Korrelation" in der Datei „Preis_Menge_Werbeausgaben.xlsx").

Über die o. g. Menüfolge wird der Dialog zur Angabe der Inputs für die Korrelationsanalyse geöffnet (vgl. Abb. 2.10 links). Der Eingabebereich wird entsprechend mit den Spalten A bis C deklariert. Im Ausgangspunkt (vgl. Abschn. 2.2.2) sind die Merkmale im Datenset in Spalten angeordnet. Daher ist in der Einstellung „Geordnet nach" der Eintrag „SPALTEN" gewählt. Die Einstellung „Beschriftungen in erster Zeile" sollte aktiviert werden, wenn diese im Datenset enthalten sind. Die Zeilen und Spalten der Korrelationsmatrix erhalten so die entsprechend nachvollziehbare Bezeichnung. Es ist zu beachten, dass in diesem Fall immer die Einträge der ersten Zeile von „Eingabebereich" als Spaltenbeschriftungen aufgefasst werden.

Im Bereich „Ausgabe" wird festgelegt, an welcher Stelle die Korrelationsmatrix platziert werden soll.

Das Ergebnis ist die Korrelationsmatrix, die aufgrund der Symmetrie der Matrix nur im unteren Dreiecksbereich befüllt ist. Die Elemente auf der Hauptdiagonalen sind alle gleich 1, da es sich um die triviale Korrelation des Merkmals mit sich selbst handelt (vgl. Abb. 2.10 rechts).

2.2.2.2.2 Statistische Signifikanzprüfung für den Korrelationskoeffizienten

In der nachfolgenden Übersicht wird angenommen, dass der Korrelationskoeffizient r_{MW} zuvor für die Messung des Zusammenhangs der Merkmale „Menge" (Bezeichner: M) und „Werbeausgaben" (Bezeichner: W) berechnet worden ist (zur Signifikanzprüfung bei Korrelationen allgemein vgl. Kronthaler 2016, S. 85–87).

2.2 Spezifische Ergänzungen

Tab. 2.3 Übersicht Ablauf Statistische Signifikanzprüfung für den Korrelationskoeffizient

Nullhypothese H_0:	$r_{MW} = 0$, d. h. es gibt keinen Zusammenhang zwischen Menge M und Werbeausgaben W
Prüfgröße (mit n als Stichprobengröße):	$t = r_{MW} \cdot \frac{\sqrt{n-2}}{\sqrt{1-r_{MW}^2}}$
Verteilung der Prüfgröße:	t-verteilt mit $n-2$ Freiheitsgraden
t_{emp}:	Wert der Prüfgröße für die entsprechenden Stichprobendaten
Irrtumswahrscheinlichkeit, mit der H_0 abgelehnt werden könnte (Signifikanzniveau), und deren Berechnung in Excel:	$P(|t| > t_{emp}) = \text{T.VERT.2S}(|t_{emp}|, n-2)$
Entscheidung:	Ist das Signifikanzniveau akzeptabel klein, kann H_0 abgelehnt werden, sonst nicht

2.2.2.3 Regressionsanalyse

2.2.2.3.1 Theoretischer Hintergrund

Zur fundierten Interpretation der Ergebnisse der Regressionsanalyse sind gegenüber der Grundlagenliteratur einige Ergänzungen relevant, die nachfolgend dargestellt werden (vgl. Backhaus et al. 2015, S. 82–97 sowie Bleymüller und Weißbach 2015, S. 181–190).

- Notation: bei J unabhängigen und einer abhängigen Variablen wird die aufgrund von n Beobachtungen geschätzte lineare Regressionsfunktion wie folgt dargestellt:

$$\hat{Y} = \hat{b}_0 + \hat{b}_1 \cdot X_1 + \ldots + \hat{b}_J \cdot X_J$$

- Das Bestimmtheitsmaß (BHM, R^2) stellt den Anteil der durch die unabhängigen Variablen erklärten Streuung an der Gesamtstreuung der abhängigen Variable dar. Der Wertebereich ist [0, 1]. Je näher der Wert bei 1 liegt, umso besser ist der Ansatz als Ganzes einzuschätzen.
- Das korrigierte BHM (Adjustiertes BHM, Angepasstes R^2) relativiert R^2 durch die Anzahl J der unabhängigen Variablen, da tendenziell R^2 umso höher ist, je mehr unabhängige Variablen in das Modell einfließen.

$$R_{korr}^2 = R^2 \cdot \frac{J \cdot (1 - R^2)}{n - J - 1}$$

- Ein weiteres Gütekriterium zur Einschätzung des Ansatzes als Ganzes kann durch den Standardfehler s der Schätzung („Standardfehler" im Ausgabeblock „Regressions-Statistik", vgl. Abb. 2.11) im Verhältnis zum Mittelwert der Beobachtungswerte der abhängigen Variable berechnet werden. Das heißt:

$$\frac{s}{|\bar{y}|}$$

mit

$$s = \sqrt{\frac{\sum_{i=1}^{n} e_i^2}{n - J - 1}}$$

und e_i als dem Fehlerwert zwischen wirklich beobachtetem Wert y_i der abhängigen Variable und $\widehat{y_i}$ als dem hierfür über die Regressionsfunktion geschätzten Wert.
Die Einordnung des Wertes erfolgt analog zum Variationskoeffizient (vgl. Abschn. 2.2.6). Hiermit kann die Stabilität der Schätzung des Regressionsansatzes als Ganzes bewertet werden.

- Beurteilung des Konfidenzintervalls

$$\left[\hat{b}_j - t_{(n-J-1);(1-\alpha)} \cdot s_{\hat{b}_j}; \hat{b}_j + t_{(n-J-1);(1-\alpha)} \cdot s_{\hat{b}_j}\right]$$

für die Regressionskoeffizienten zu den unabhängigen Variablen:

$t_{(n-J-1);(1-\alpha)}$: zweiseitiges $(1-\alpha)$-Quantil der t-Verteilung mit $n - J - 1$ Freiheitsgraden

$\hat{b}_j$: Punktschätzer für den j-ten Regressionskoeffizienten (in Excel: Spalte „Koeffizienten"; vgl. Abb. 2.12)

$s_{\hat{b}_j}$: Standardfehler des Regressionskoeffizienten (in Excel: Spalte „Standardfehler" im Block der Darstellung der Regressionskoeffizienten; vgl. Abb. 2.12).

Das Verhältnis von $s_{\hat{b}_j}$ zu $|\hat{b}_j|$ kann als Variationskoeffizient (vgl. Abschn. 2.2.6) und somit als Stabilität der Schätzung des Regressionskoeffizienten interpretiert werden.

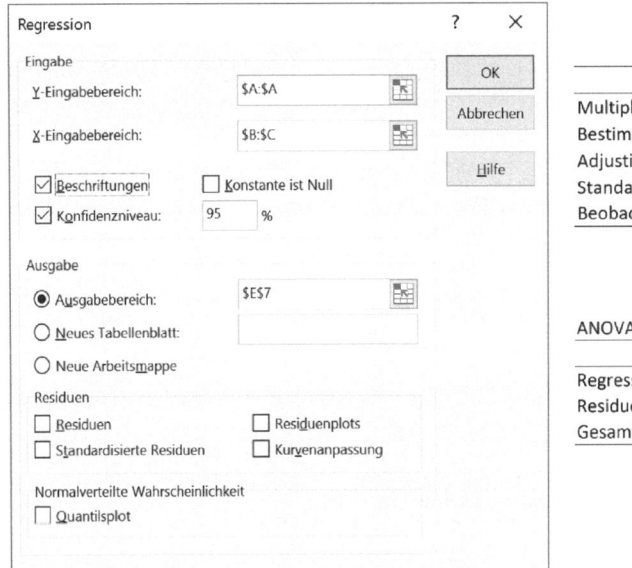

Abb. 2.11 Eingabe und Ergebnisdarstellung Regression

2.2 Spezifische Ergänzungen

Abb. 2.12 Ergebnisdarstellung Regressionskoeffizienten

	Koeffizienten	Standardfehler	t-Statistik	P-Wert	Untere 95%	Obere 95%
Schnittpunkt	1366,173	414,876	3,293	0,004	490,862	2241,485
PREIS	-3,442	41,195	-0,084	0,934	-90,357	83,472
WERBE-AUSGABEN	0,540	0,092	5,868	0,00002	0,346	0,734

Es sei an dieser Stelle vermerkt, dass dasselbe Gütekriterium aus dem Quotienten von situationsbezogener Standardabweichung und arithmetischem Mittelwert sich auch für die Einordnung von zweiseitigen Konfidenzintervallen für den Erwartungswert nutzen lässt.

- Relative Wichtigkeit einer unabhängigen Variable für die Erklärung der abhängigen Variable (Beta-Koeffizient):

$$\text{BETA}_j = \hat{b}_j \cdot \frac{s_{X_j}}{s_Y}$$

s_{X_j}: Standardabweichung der beobachteten Werte der unabhängigen Variablen X_j
s_Y: Standardabweichung der beobachteten Werte der abhängigen Variable Y

- Statistischer Test für das Bestimmtheitsmaß R^2:
  - Nullhypothese H_0: $R^2 \leq 0$, d. h. die unabhängigen Variablen tragen im gewählten Modellansatz nichts zur Erklärung der abhängigen Variable bei.
  - Signifikanzniveau („F krit" in Excel; vgl. Abb. 2.11 rechts unten): Irrtumswahrscheinlichkeit, mit der die Nullhypothese abgelehnt werden könnte.
  - Ist „F krit" akzeptabel klein, kann H_0 abgelehnt werden, sonst nicht.

- Statistische Tests für die Regressionskoeffizienten:
  - Je ein Test pro Regressionskoeffizient b_j
  - Nullhypothese H_0: $b_j = 0$, d. h. die unabhängige Variable X_j hat im gewählten Modellansatz keinen Einfluss auf die abhängige Variable.
  - Signifikanzniveau („P-Wert" in Excel; vgl. Abb. 2.12): Irrtumswahrscheinlichkeit mit der die Nullhypothese abgelehnt werden könnte.
  - Ist „P-Wert" akzeptabel klein, kann H_0 abgelehnt werden, sonst nicht.

2.2.2.3.2 Details der Umsetzung

Über die Menüfolge „Daten – Datenanalyse – Regression" bietet sich die Möglichkeit für eine Liste von metrisch skalierten unabhängigen Merkmalen deren Wirkung auf eine metrisch skalierte abhängige Variable in einem linearen Funktionszusammenhang zu überprüfen. Dabei müssen die unabhängigen Merkmale in der Excel-Rohdatentabelle in einem zusammenhängenden Bereich stehen.

Als Beispiel soll geprüft werden, inwieweit die Merkmale „Preis" und „Werbeausgaben" gemeinsam die abgesetzte „Menge" determinieren (vgl. Tabellenblatt „Regression" in der Datei „Preis_Menge_Werbeausgaben.xlsx").

Über die o. g. Menüfolge wird der Dialog zur Angabe der Inputs für die Regressionsanalyse geöffnet (vgl. Abb. 2.11 links). Der „Y-Eingabebereich" (abhängiges Merkmal) wird entsprechend mit der Spalte A, und der „X-Eingabebereich" (unabhängige Merkmale) mit den Spalten B bis C deklariert.

Die Einstellung „Beschriftungen in erster Zeile" sollte aktiviert werden, wenn diese im Datenset enthalten sind. In der Ausgabe werden so entsprechend nachvollziehbare Bezeichnungen verwendet. Es ist zu beachten, dass in diesem Fall immer die Einträge der ersten Zeile von „X-" bzw. „Y-Eingabebereich" als Spaltenbeschriftungen aufgefasst werden.

Um die Konfidenzintervalle für die Regressionskoeffizienten zu erhalten, ist die Checkbox für „Konfidenzniveau" zu markieren. Die Vertrauenswahrscheinlichkeit kann dabei als Prozentwert eingestellt werden. Der Default ist 95 %.

Im Bereich „Ausgabe" wird festgelegt, an welcher Stelle der Output platziert werden soll.

Im ersten Ausgabeblock („Regressions-Statistik") werden Informationen zur Güte des Ansatzes als Ganzes gegeben (vgl. Abb. 2.11 rechts oben). Zentral sind hier die Angaben für das (Adjustierte) Bestimmtheitsmaß. Die Angabe zum „Standardfehler" kann für die Einschätzung der Stabilität der Schätzung genutzt werden (s. o.).

Im zweiten Ausgabeblock („ANOVA", vgl. Abb. 2.11 rechts unten) ist *F krit* als Signifikanzniveau des statistischen Tests für das Bestimmtheitsmaß die wesentliche Information (s. o.).

Im dritten Ausgabeblock (vgl. Abb. 2.12) werden zunächst die absoluten Regressionskoeffizienten (Spalte „Koeffizienten") angezeigt. In der Zeile „Schnittpunkt" ist der Achsenabschnitt angegeben. In den Zeilen zu den unabhängigen Merkmalen sind die entsprechenden Steigungswerte angezeigt. Die Regressionsfunktion lautet bei einer Notation der unabhängigen Variablen mit X_1 (Preis), X_2 (Werbeausgaben) und einer Genauigkeit auf zwei Nachkommastellen:

$$\hat{Y} = 1366{,}17 - 3{,}44 \cdot X_1 + 0{,}54 \cdot X_2$$

Im Weiteren ist die Angabe von *P-Wert* als Signifikanzniveau der zugehörigen Tests (s. o.) zentral.

Zuletzt lässt sich das Konfidenzintervall (*Untere 95 %* als Untergrenze und *Obere 95 %* als Obergrenze) für die Schätzung der Regressionskoeffizienten analysieren. Die relative Breite des Konfidenzintervalls kann über den Quotienten von „Standardfehler" und „Koeffizient" quantifiziert werden (s. o.).

2.2.2.3.3 Anwendungshinweise

Bevor mit der Regressionsanalyse überhaupt begonnen wird, sollten folgende Aspekte überprüft werden:

2.2 Spezifische Ergänzungen

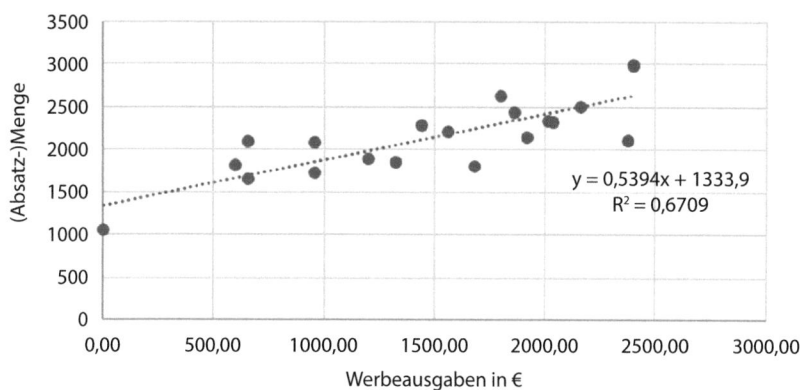

Abb. 2.13 Streudiagramm mit Trendlinie

- Sachlogische Korrektheit der Hypothese. Das heißt, ob die unabhängigen Variablen die abhängige Variable in einem Funktionszusammenhang sinnvollerweise determinieren können (keine „blinde" Analyse von Scheinzusammenhängen).
- Unabhängigkeit der unabhängigen Variablen untereinander. Ansonsten könnten bestimmte Aspekte überbewertet und die Schätzungen der Regressionsparameter insgesamt unzuverlässiger werden. Als Hilfsmittel bietet sich die Korrelationsanalyse an. Bei hoch korrelierenden Werten kann man sich in einer pragmatischen Vorgehensweise für eines der Merkmale entscheiden. Die seriösere Methode ist das Vorschalten einer Faktorenanalyse (vgl. Backhaus et al. 2015, S. 385–452), welche über die hier behandelten Themengebiete jedoch hinausgeht.
- Unterstellter Funktionstyp. Dazu kann z. B. je unabhängiger Variablen ein Streudiagramm („XY-Punktdiagramm" in Excel) mit der abhängigen Variable erstellt werden. Über die visuelle Prüfung hinaus lässt sich hier über das Kontextmenü eine Trendlinie (verschiedener Typen) einfügen und dazu auch gleich ein Bestimmtheitsmaß für die Güte der Schätzung anzeigen.

Nachfolgend hierfür die Umsetzung als linearer Typ für die Konstellation „Werbeausgaben" als unabhängige und „Menge" als abhängige Variable (vgl. Abb. 2.13): Ausgehend von einem bereits erstellten Punkt XY-Diagramms (vgl. Abb. 2.13 unten) ist einer der Datenpunkte in der Grafik zu markieren und im Kontextmenü der Eintrag „Trendlinie hinzufügen" zu wählen. Im sich öffnenden Dialog „Trendlinie formatieren" (vgl. Abb. 2.13 oben) kann einer der Funktionstypen (Exponential, Linear, Logarithmisch, Polynomisch, Potenz) ausgewählt werden. Die entsprechende Funktion wird direkt in das Streudiagramm eingezeichnet (vgl. Abb. 2.13 unten). Zusätzlich kann man sich durch Markieren der Checkbox „Bestimmtheitsmaß im Diagramm darstellen" den Wert des Bestimmtheitsmaßes im Diagramm anzeigen lassen. Ebenso kann die Funktionsvorschrift angezeigt werden (Checkbox „Formel im Diagramm anzeigen" markieren).

2.2.3 Excel-Formeln für Quantilswerte

Für die Berechnung von Konfidenzintervallen oder bei der Angabe von Kriterien zur Testentscheidung wird in den referenzierten Grundlagenwerken auf die Quantilswerte („Perzentile", „kritische Werte") entsprechender Verteilungen zurückgegriffen. Zum Teil wird in den referenzierten Grundlagenwerken mit tabellierten Werten für die Quantile gearbeitet. Hier werden stattdessen die Excel-Formeln genutzt.

2.2.3.1 Quantilswerte der Standardnormalverteilung

Die Excel-Formel lautet NORM.S.INV(Wahrsch). Je nach behandelter Fragestellung wird für Berechnungen oder Entscheidungen ein linksseitiger Quantilswert in Abhängigkeit einer vorgegebenen Irrtumswahrscheinlichkeit α benötigt (z. B. das $(1-\alpha)$-Quantil). Der konkrete Wert hierfür (z. B. α, $1-\alpha$, $\alpha/2$, $1-(\alpha/2)$ etc.) wird dabei für den Parameter „Wahrsch" gesetzt.

2.2.3.2 Quantilswerte der *t*-Verteilung

Analog zur Standardnormalverteilung wird bei der *t*-Verteilung der benötigte linksseitige Quantilswert in Abhängigkeit einer vorgegebenen Irrtumswahrscheinlichkeit α angegeben. Während sich im erstgenannten Fall die Differenzierung zwischen ein- und zweiseitigen Fragestellungen in Variationen des konkreten Wertes hierfür niederschlägt, wird bei der *t*-Verteilung die Unterscheidung über verschiedene Funktionsnamen herbeigeführt. So lauten die Formeln z. B. für das $(1-\alpha)$-Quantil T.INV($1-\alpha$, $n-1$) für den einseitigen Fall und T.INV.2S(α, $n-1$) für den zweiseitigen Fall.

2.2.3.3 Quantilswerte der χ^2-Verteilung

Die Excel-Formel lautet CHIQU.INV(Wahrsch; Freiheitsgrade). Je nach behandelter Fragestellung wird für Berechnungen oder Entscheidungen ein linksseitiger Quantilswert in Abhängigkeit einer vorgegebenen Irrtumswahrscheinlichkeit α benötigt (z. B. das $(1-\alpha)$-Quantil). Der konkrete Wert hierfür (z. B. α, $1-\alpha$, $\alpha/2$, $1-(\alpha/2)$ etc.) wird dabei für den Parameter „Wahrsch" gesetzt.

2.2.3.4 Quantilswerte der *F*-Verteilung

Nutzung für den Vergleich von Varianzen (vgl. Bleymüller und Weißbach 2015, S. 140–143; Pulham 2011, S. 149–151). Die Excel-Formel lautet F.INV(Wahrsch; Freiheitsgrade1; Freiheitsgrade2). Je nach behandelter Fragestellung wird für Berechnungen oder Entscheidungen ein linksseitiger Quantilswert in Abhängigkeit einer vorgegebenen Irrtumswahrscheinlichkeit α benötigt (z. B. das $(1-\alpha)$-Quantil). Der konkrete Wert hierfür (z. B. α, $1-\alpha$, $\alpha/2$, $1-(\alpha/2)$ etc.) wird dabei für den Parameter „Wahrsch" gesetzt. Der zweite (dritte) Parameter steht für die Freiheitsgrade im Zählerterm (Nennerterm) und wird mit $n_1 - 1$ ($n_2 - 1$) gesetzt, mit n_1 als Größe der Stichprobe 1 (und n_2 als der von Stichprobe 2).

2.2.4 Excel-Formeln für Werte der Verteilungsfunktionen

Gerade bei den statistischen Tests wird in den Fallstudien vorrangig der Wert der Irrtumswahrscheinlichkeit berechnet, mit dem, bei sich aus der Stichprobe ergebendem empirischen Prüfgrößenwert (Parameter „x" bzw. „z" in den nachfolgend referenzierten Formeln), die Nullhypothese gerade noch abgelehnt werden kann. Hierfür werden die Excel-Formeln der Verteilungsfunktion der entsprechenden Verteilungen genutzt. Sofern der Parameter „kumuliert" in den Formeln auftritt, ist dieser dann fest auf den Wert 1 (WAHR) gesetzt.

2.2.4.1 Standardnormalverteilung

Die Excel-Formel NORM.S.VERT(z; kumuliert) gibt die links von z liegende Fläche der zugehörigen Dichtefunktion an. Wird die rechts hiervon liegende Fläche benötigt, ist entsprechend 1 − NORM.S.VERT(z; kumuliert) zu berechnen.

Bei zweiseitigen Fragestellungen muss der jeweils relevante Wert dann noch verdoppelt werden.

2.2.4.2 *t*-Verteilung

Die Excel-Formel T.VERT(x; Freiheitsgrade; kumuliert) gibt die links von x liegende Fläche der zugehörigen Dichtefunktion an. Wird die rechts hiervon liegende Fläche benötigt, wird direkt T.VERT.RE(x; Freiheitsgrade) genutzt. Bei zweiseitigen Fragestellungen muss der jeweils relevante Wert noch verdoppelt werden. Alternativ kann (bei $x \geq 0$) direkt T.VERT.2S(x; Freiheitsgrade) angewendet werden, und die Verdopplung erübrigt sich.

2.2.4.3 χ^2-Verteilung

Die Excel-Formel CHIQU.VERT(x; Freiheitsgrade; kumuliert) gibt die links von x liegende Fläche an. Wird die rechts hiervon liegende Fläche benötigt, wird direkt CHIQU.VERT.RE(x; Freiheitsgrade) genutzt.

Bei zweiseitigen Fragestellungen muss der jeweils relevante Wert dann noch verdoppelt werden.

2.2.4.4 *F*-Verteilung

Die Excel-Formel F.VERT(x; Freiheitsgrade1; Freiheitsgrade2; kumuliert) gibt die links von x liegende Fläche der zugehörigen Dichtefunktion an. Wird die rechts hiervon liegende Fläche benötigt, wird direkt F.VERT.RE(x; Freiheitsgrade1; Freiheitsgrade2) genutzt.

Bei zweiseitigen Fragestellungen muss der jeweils relevante Wert dann noch verdoppelt werden.

2.2.5 Boxplot-Diagramm

Mit einem Boxplot lässt sich anhand der Kennzahlen von Minimum, Maximum, erstem und drittem Quartil sowie dem Median einer Datenreihe ein prägnanter Eindruck der Verteilung eines Merkmals gewinnen. Darüber hinaus kann es als erstes Indiz für die Existenz von Ausreißern genutzt werden.

Seit der Version 2016 steht in Excel ein entsprechendes Diagramm zur Verfügung, das zwar nicht der grundlegenden und gängigen Definition des Boxplots entspricht (vgl. Kronthaler 2016, S. 44), sondern eine gesonderte Hervorhebung von systemseitig identifizierten Ausreißern vorsieht (vgl. auch Cleff 2015, S. 52).

Am einfachsten ist es, zunächst den Datenbereich eines Merkmals inklusive Spaltenüberschrift zu markieren und dann über „Einfügen – Diagramme – Kastengrafik" ein Diagramm erstellen zu lassen.

2.2 Spezifische Ergänzungen

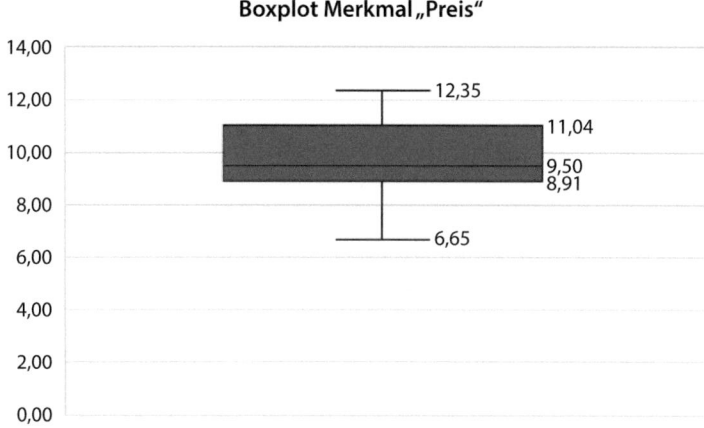

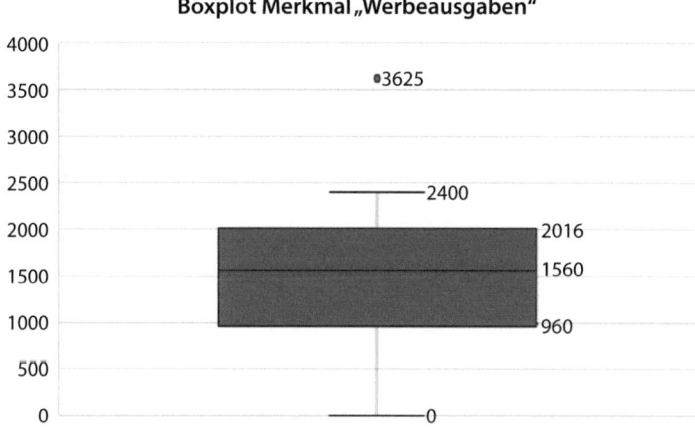

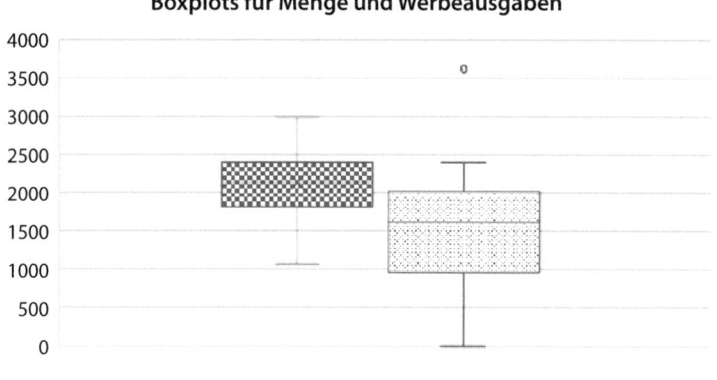

Abb. 2.14 Boxplot – Beispiele

Nach Aktivieren des Kontextmenüs über einer der Boxen lassen sich über den Eintrag „Datenreihen formatieren" noch weitere Einstellungen für das Boxplot vornehmen. Um der gängigen Definition zu entsprechen, sollte hier die Option „Inklusiver Median" im Bereich „Quartilsberechnung" gewählt werden.

In den Darstellungen (vgl. Abb. 2.14) wurde zusätzlich die Checkbox „Ausreißer anzeigen" aktiviert. Außerdem wurden über „Diagrammelemente" (+-Schaltfläche neben dem Diagramm) die Datenbeschriftungen zusätzlich ausgewählt. Zuletzt wurden jeweils die Überschriften angepasst sowie die Abszisse gelöscht.

In Abb. 2.14 (oben) zeigt sich für das Merkmal „Preis" die Darstellung so, wie sie allgemein bekannt ist.

Werden aber systemseitig Ausreißer erkannt, so ändert sich die Darstellungsform. Dies gilt auch, wenn man die Option „Ausreißerpunkte anzeigen" deaktiviert. Als Beispiel dazu das Boxplot zum Merkmal „Werbeausgaben", wobei der Wert des ersten Datensatzes aus Gründen der Veranschaulichung auf 3625 geändert wurde (vgl. Abb. 2.14 Mitte). Der Datensatz mit Wert 3625 wird gesondert als Punkt dargestellt, der Maximumwert im Boxplot wird auf den größten Nicht-Ausreißerwert (hier 2400) gesetzt.

Die Kriterien für die systemseitige Identifikation eines Ausreißers lassen sich nicht einstellen. Insofern werden neben inhaltlichen immer auch weitere quantitative Analysen (vgl. Abschn. 2.2.7) nötig sein.

In analoger Vorgehensweise wie oben beschrieben, können die Boxplots für mehrere Merkmale nebeneinander dargestellt werden (vgl. Abb. 2.14 unten für die Merkmale „Menge" und „Werbeausgaben"). Es ist lediglich vorab der entsprechende Datenbereich zu markieren. Hier zur Übersichtlichkeit in der Darstellung ohne Datenbeschriftungen. Zur Differenzierung wurde hier eine Legende hinzugefügt. Falls für eine Erweiterung die Werte eines Merkmals nach den Ausprägungen eines anderen Merkmals gruppierbar sind (z. B. Gehalt und Altersgruppen), so werden einfach die Werte beider Merkmale markiert. Die Ausprägungen des Gruppierungsmerkmals erscheinen dann auf der Abszisse und ersetzen die Legende.

2.2.6 Einordnung des Wertebereichs statistischer Kennzahlen

Auch wenn es manchen Studierenden anders erscheinen mag, wird Statistik nicht um ihrer Selbstwillen betrieben, sondern um betriebswirtschaftliche Fragestellungen auf Basis von quantitativen Informationen anzugehen und entsprechende Lösungen zu finden oder Maßnahmen abzuleiten. Insofern ist die Berechnung von Kennzahlen nur Mittel zum Zweck. Den Löwenanteil macht die anschließende Interpretation des Kennzahlenwertes aus.

Die Unterteilung des Wertebereiches einer Kennzahl und die entsprechende Einordnung ist in der statistischen Literatur nicht einheitlich. Um für die Behandlung der Fallstudien einen einheitlichen und praktikablen Rahmen zu schaffen, werden die nachfolgenden Systematiken zugrunde gelegt, die keinen Anspruch auf Allgemeingültigkeit erheben, aber eben eine durchaus nachvollziehbare und praktikable Grundlage bilden.

2.2 Spezifische Ergänzungen

2.2.6.1 Variationskoeffizient als relatives Streuungsmaß

Bezeichnung: v
Wertebereich: $[0, \infty]$.

An dieser Stelle sei explizit angemerkt, dass die Verwendung des Variationskoeffizientes nur dann sinnvoll ist, wenn ausschließlich positive oder negative Merkmalswerte vorliegen (verhältnisskaliertes Merkmal; vgl. Kohn 2005, S. 81).

Tab. 2.4 Interpretation Wertebereich Variationskoeffizient

$0 \leq v \leq 0{,}1$	Geringe relative Schwankung
$0{,}1 < v \leq 0{,}25$	Mittlere relative Schwankung
$0{,}25 < v \leq \infty$	Starke relative Schwankung

2.2.6.2 Korrigierter Kontingenzkoeffizient
Bezeichnung und Berechnung:

$$K^* = \sqrt{\frac{\chi^2}{n + \chi^2}} \cdot \sqrt{\frac{\min(k,l)}{\min(k,l) - 1}}$$

Mit k als Anzahl der Merkmalsausprägungen des ersten und l als Anzahl der Merkmalsausprägungen des zweiten Merkmals sowie n als Anzahl der Beobachtungen.
Zur expliziten Berechnung von χ^2 sei z. B. verwiesen auf Duller (2013, S. 121) oder Bleymüller und Weißbach (2015, S. 161–163). Die erwarteten absoluten Häufigkeiten müssen in jeder Zelle mindestens 5 betragen (vgl. Bleymüller und Weißbach 2015, S. 163; Kronthaler 2016, S. 197).
Wertebereich: $[0, 1]$.

Tab. 2.5 Interpretation Wertebereich Korrigierter Kontingenzkoeffizient

$K^* = 0$	Kein Zusammenhang
$0 < K^* \leq 0{,}3$	Schwacher Zusammenhang/annähernd unabhängig
$0{,}3 < K^* \leq 0{,}7$	Mittlerer Zusammenhang
$0{,}7 < K^* < 1$	Starker Zusammenhang
$K^* = 1$	Vollständiger Zusammenhang

Für die vorliegenden Fallstudien wird K^* als Zusammenhangsmaß für nominal skalierte Merkmale genutzt. U. a. findet sich für ihn auch die Bezeichnung „normierter Kontingenzkoeffizient" (vgl. Meißner und Wendler 2015, S. 173).
Eine Alternative (mit identischem Wertebereich und Interpretation) ist das Cramer'sche Assoziationsmaß (vgl. Cleff 2015, S. 85; Duller 2013, S. 122):

Bezeichnung und Berechnung:

$$V = \sqrt{\frac{\chi^2}{n \cdot (\min(k, l) - 1)}}$$

2.2.6.3 Pearson'scher Korrelationskoeffizient und Rangkorrelationskoeffizient nach Spearman

Bezeichnung: r_{XY} mit den Merkmalen X und Y als Ausgangspunkt.

Anstelle der Interpretation mit „positiv/negativ" kann auch von „gleichgerichtet/entgegengesetzt gerichtet" gesprochen werden.

Wertebereich: $[-1, 1]$.

Tab. 2.6 Interpretation Wertebereich Korrelationskoeffizient

$r_{XY} = -1$	Vollständiger negativer Zusammenhang
$-1 < r_{XY} < -0{,}7$	Starker negativer Zusammenhang
$-0{,}7 \leq r_{XY} < -0{,}3$	Mittlerer negativer Zusammenhang
$-0{,}3 \leq r_{XY} < 0$	Schwacher negativer Zusammenhang/annähernd unabhängig
$r_{XY} = 0$	Kein Zusammenhang
$0 < r_{XY} \leq 0{,}3$	Schwacher positiver Zusammenhang/annähernd unabhängig
$0{,}3 < r_{XY} \leq 0{,}7$	Mittlerer positiver Zusammenhang
$0{,}7 < r_{XY} < 1$	Starker positiver Zusammenhang
$r_{XY} = 1$:	Vollständiger positiver Zusammenhang

2.2.6.4 Bestimmtheitsmaß der Regressionsanalyse

Bezeichnung: R^2

Wertebereich: $[0, 1]$

Tab. 2.7 Interpretation Wertebereich Bestimmtheitsmaß

$R^2 = 0$	Keinerlei Erklärung der abhängigen Variable durch die unabhängige(n) Variable(n)
$0 < R^2 \leq 0{,}3$	Geringe Erklärung der abhängigen Variable durch die unabhängige(n) Variable(n)
$0{,}3 < R^2 \leq 0{,}7$	Mittlere Erklärung der abhängigen Variable durch die unabhängige(n) Variable(n)
$0{,}7 < R^2 < 1$	Hohe Erklärung der abhängigen Variable durch die unabhängige(n) Variable(n)
$R^2 = 1$	Vollständige Erklärung der abhängigen durch die unabhängige(n) Variable(n)

2.2.7 Ausgewählte statistische Themen

2.2.7.1 Statistischer Test für den Zusammenhang zweier nominal skalierter Variablen

In den Fallstudien wird für die Berechnung des Zusammenhangs zweier nominal skalierter Variablen auf den korrigierten Kontingenzkoeffizienten abgestellt (s. o.). Der Kontingenzkoeffizient wird ohne den entsprechenden Korrekturterm berechnet mit

$$K = \sqrt{\frac{\chi^2}{n + \chi^2}}$$

bei n Beobachtungspaaren. Zu diesem Term kann ein statistischer Signifikanztest durchgeführt werden, um zu überprüfen, ob das Ergebnis der Zusammenhangskennzahl auf die Grundgesamtheit übertragen werden kann (vgl. Kronthaler 2016, S. 196–197).

Tab. 2.8 Übersicht Ablauf Statistische Signifikanzprüfung Kontingenzkoeffizient

Nullhypothese H_0:	$K = 0$, d. h. es gibt keinen Zusammenhang zwischen den Variablen in der Untersuchung
Prüfgröße:	χ^2
Verteilung der Prüfgröße:	χ^2-verteilt mit FG $= (k-1) \cdot (l-1)$ Freiheitsgraden (und k als Anzahl der Merkmalsausprägungen des ersten und l als Anzahl der Merkmalsausprägungen des zweiten Merkmals)
χ^2_{emp}:	Wert der Prüfgröße für die entsprechenden Stichprobendaten
Irrtumswahrscheinlichkeit, mit der H_0 abgelehnt werden könnte (Signifikanzniveau), und deren Berechnung in Excel:	$P\left(\chi^2 > \chi^2_{emp}\right) = $ CHIQU.VERT.RE $\left(\chi^2_{emp}, FG\right)$ Alternative mit beobachteten absoluten Häufigkeiten (Datenbezug A) und den bei Unabhängigkeit erwarteten absoluten Häufigkeiten (Datenbezug B): CHIQU.TEST(A; B)
Entscheidung:	Ist das Signifikanzniveau akzeptabel klein, kann H_0 abgelehnt werden, sonst nicht

2.2.7.2 Statistischer Test für die Rangkorrelationsanalyse

In den Fallstudien wird für die Berechnung des Rangkorrelationswertes auf Rangkorrelationskoeffizient nach Spearman r_{Sp} abgestellt (vgl. Kronthaler 2016, S. 77 ff.). Dieser lässt sich, wenn die Berechnung auf Basis von Stichprobendaten durchgeführt wurde, wie folgt einem statistischen Signifikanztest unterziehen (vgl. Kronthaler 2016, S. 189–190).

Tab. 2.9 Übersicht Ablauf Statistische Signifikanzprüfung für Rangkorrelationskoeffizient

Nullhypothese H_0:	$r_{Sp} = 0$, d. h. es gibt keinen Zusammenhang zwischen den Variablen in der Untersuchung
Prüfgröße (mit n als Anzahl der Beobachtungen):	$t = r_{Sp} \cdot \frac{\sqrt{n-2}}{\sqrt{1-r_{Sp}^2}}$
Verteilung der Prüfgröße:	t-verteilt mit $n-2$ Freiheitsgraden
t_{emp}:	Wert der Prüfgröße für die entsprechenden Stichprobendaten
Irrtumswahrscheinlichkeit, mit der H_0 abgelehnt werden könnte (Signifikanzniveau), und deren Berechnung in Excel:	$P(|t| > |t_{emp}|) = \text{T.VERT.2S}(|t_{emp}|, n-2)$
Entscheidung:	Ist das Signifikanzniveau akzeptabel klein, kann H_0 abgelehnt werden, sonst nicht

2.2.7.3 Ausreißeridentifikation und -behandlung

Ausreißer sind Werte eines Merkmals, die vom Großteil der Beobachtungen des Merkmals in der Untersuchung stark abweichen. Vor der Berechnung von Kennzahlen, die nicht robust gegenüber Ausreißern sind (z. B. das arithmetische Mittel) sollte ein adäquates Preprocessing erfolgen.

Bei metrischem Skalenniveau kann das Mittelwert-Standardabweichungs-Verfahren angewendet werden:

- Ausgangspunkt: Berechnung von arithmetischem Mittel $\bar{x}$ und Standardabweichung s über **alle** Beobachtungswerte $x_1, \ldots, x_n$
- Definition eines Intervalls $I = [\bar{x} - a \cdot s; \bar{x} + b \cdot s]$ mit Parametern $a, b \in \mathbb{R}^+$. I. d. R.: $a = b$.
- Ausreißer: $x_i \notin I$ $(i = 1, \ldots, n)$
- Faustregel: $a = b = 2$, weil dann bei als normalverteilt unterstellter Grundgesamtheit 95,45 % der Beobachtungen im Intervall I liegen.

Bei ordinalem Skalenniveau kann das Quantilabstandsverfahren angewendet werden:

- n Beobachtungen $x_1, \ldots, x_n$ nach Größe aufsteigend geordnet
- x_α: α-Quantil der Verteilung; $\alpha \in [0, 1]$
- Definition eines Intervalls $I = [x_\alpha; x_{1-\alpha}]$
- Ausreißer: $x_i \notin I$ $(i = 1, \ldots, n)$
- Faustregel: $\alpha = 0{,}025$, weil dann etwa 95 % der Beobachtungen im Intervall I liegen.

2.2 Spezifische Ergänzungen

Für die Behandlung von Ausreißern bieten sich prinzipiell zwei Möglichkeiten:

- Ausschluss der Werte
- Ersatz durch Vorgabewerte (Defaults), für ein metrisches Merkmal z. B. $\bar{x}$ bei kleinem n, oder bei Zusammenhangsanalysen, wenn die Werte für die übrigen Merkmale vorliegen.

Die Umsetzung in Excel wird nachfolgend am Beispiel des metrischen Merkmals „Menge" illustriert (vgl. Tabellenblatt „Outlier Detection" in der Datei „Preis_Menge_Werbeausgaben.xlsx"). Den Ausgangspunkt bilden analog zu Abschn. 2.2.2 die folgenden Merkmale aus dem Tabellenblatt „Rohdaten":

- Menge (Spalte A)
- Preis (Spalte B)
- Werbeausgaben (Spalte C)

Hiervon ausgehend erfolgt die Berechnung von Mittelwert und Standardabweichung über alle Datensätze für das Merkmal „Menge" sowie von Intervallunter- und -obergrenze (vgl. Abb. 2.15 links).

Anschließend wird eine Spalte für ein neu zu berechnendes Merkmal „AUSREISSER_MENGE" mit den möglichen Ausprägungen „WAHR" und „FALSCH" hinzugefügt und damit für jeden Wert des Merkmals „Menge" eine entsprechende Prüfung durchgeführt (vgl. Abb. 2.15 rechts).

Für die nachfolgenden Kennzahlenberechnungen kann auf Pivot-Tabellen mit „AUSREISSER_MENGE" als Filtervariable zurückgegriffen (vgl. Abschn. 2.2.1) und Ausreißer-Datensätze damit aus der Berechnung ausgeschlossen werden.

Generell müssen sich einer Ausreißeridentifikation inhaltliche Überlegungen anschließen. So kann sich z. B. eine extrem niedrige Absatzmenge dadurch ergeben, dass testweise ein extrem hoher Preis verlangt wurde. Betrachtet man nur das Merkmal „Menge" würde der entsprechende Datensatz als Ausreißer deklariert und ggf. ausgeschlossen. Betrachtet man zusätzlich das Merkmal „Preis", ist der Datensatz insgesamt wiederum schlüssig.

	F	G	H	I
6	Mittelwert Menge		2143,35	=MITTELWERT(A:A)
7	Standardabweichung Menge		441,63	=STABW.N(A:A)
8	a=b=		2	
9				
10	Intervalluntergrenze		1260,08	=$H$6-($H$8*$H$7)
11	Intervallobergrenze		3026,62	=$H$6+($H$8*$H$7)

	A	B	C	D
1	MENGE	PREIS	WERBE-AUSGABEN	AUSREISSER MENGE
2	2973	11,88	2400,00	FALSCH
3	2092	9,50	660,00	FALSCH
4	=ODER(A2<$H$10;A2>$H$11)			ALSCH
5	1720	10,93	960,00	FALSCH
6	1059	11,40	0,00	WAHR
7	2620	9,50	1800,00	FALSCH

Abb. 2.15 Beispiel Ausreißeridentifikation

Gerade wenn Zusammenhangsanalysen angestrebt werden, sollten die Merkmale zumindest paarweise betrachtet und auf dieser Ebene nach Ausreißern gesucht werden. Im gerade visualisierten Beispiel müsste man in Excel wie folgt vorgehen:

- Bilden von z. B. 4 Preisklassen $PK_1, \ldots, PK_4$ (vgl. Klassieren von Daten oben sowie Cleff 2015, S. 34 ff. und Meißner und Wendler 2015, S. 36 ff.)
- Einfügen eines neuen Merkmals „Preisklasse" in die Rohdatentabelle und Eintrag je Datensatz entsprechend der Klassenzugehörigkeit.
- Kennzahlenberechnung und Ausreißeridentifikation für das Merkmal „Absatz" für jede Preisklasse getrennt.

2.2.7.4 Soll-Ist-Vergleiche (Performance Measurement)

Soll-Ist-Vergleiche sind in den hier vorliegenden Fallstudien insbesondere für die Bewertung von Prognosen relevant. Dabei wird der ursprünglich für einen Zeitpunkt t berechnete Prognosewert y_t^* (Ist) mit dem sich in Zeitpunkt t einstellenden Wert y_t (Soll) verglichen.

Die Grundlage bildet dann der absolute Prognosefehler $e_t = |y_t - y_t^*|$, welcher für die Wertepaare von $t = 1, \ldots, n$ Zeitpunkten geeignet zu einer Kennzahl für das Prognoseverfahren aggregiert wird. In den Fallstudien wird auf die Kennzahl „Variationskoeffizient Root Mean Square Error" abgestellt (in Meißner und Wendler 2015, S. 242 wird inhaltlich dieselbe Berechnung durchgeführt, ohne die Bezeichnung der Kennzahl zu verwenden):

$$\text{VKRMSE}(n) = \sqrt{\frac{\frac{1}{n} \cdot \sum_{t=1}^{n} e_t^2}{|\bar{y}|}}$$

Der Vorteil der Kennzahl liegt darin, dass sie im Kern einen Variationskoeffizienten darstellt und der Wertebereich entsprechend interpretiert werden kann (vgl. Abschn. 2.2.6). Ein geringer relativer Schwankungswert steht somit für eine geringe durchschnittliche Abweichung der Prognosewerte von den Sollwerten und somit für eine (bisher) gute Performance des Verfahrens.

Literatur

Backhaus K, Erichson B, Plinke W, Weiber R (2015) Multivariate Analysemethoden, 14. Aufl. Springer Gabler, Heidelberg Berlin

Bleymüller J, Weißbach R (2015) Statistik für Wirtschaftswissenschaftler, 17. Aufl. Vahlen, München

Cleff T (2015) Deskriptive Statistik und Explorative Datenanalyse, 3. Aufl. Gabler, Wiesbaden

Duller C (2013) Einführung in die Statistik mit EXCEL und SPSS, 3. Aufl. Springer Gabler, Berlin Heidelberg

Kohn W (2005) Datenanalyse und Wahrscheinlichkeitsrechnung, 1. Aufl. Springer, Berlin Heidelberg

Kronthaler F (2016) Statistik angewandt, 1. Aufl. Springer, Berlin Heidelberg

Literatur

Meißner J, Wendler T (2015) Statistik Praktikum mit EXCEL, 2. Aufl. Springer, Wiesbaden

Pulham S (2011) Statistik leicht gemacht. Gabler, Wiesbaden

Fallstudie Produktmanagement 3

3.1 Beschreibung der Ausgangslage

Sie steigen als Produktmanager in ein Unternehmen ein, in welchem Sie künftig für das Management der Vertriebsprodukte P1, P2 und P3 verantwortlich sind.

Um einen ersten Einblick zum aktuellen Stand zu erhalten, lassen Sie sich als Zufallsstichprobe einen Abzug aus dem IT-Systems des Unternehmens zukommen, in welchem die Verkaufszahlen der vergangenen Geschäftswoche je Produkt in Stück von 366 die Produkte vertreibenden Einzelhandelsgeschäften (Shops; alle mit vergleichbaren Öffnungszeiten) aufgeführt sind.

Im Einzelnen sind in jedem der Datensätze die folgenden Informationen enthalten:

- Laufende Nummer (Spalte A): Eindeutige interne Nummer
- Shop-Platzierung (Spalte B): Kategorisierung der Lage des entsprechenden Geschäfts im Einzelhandelsumfeld. Die möglichen Merkmalsausprägungen sind hier:
  – „Randlage" (kodiert mit Wert 0)
  – „Mittlere Lage" (kodiert mit Wert 1)
  – „Toplage" (kodiert mit Wert 2)
- Anzahl Mitarbeiter (Spalte C): Vom Shop angegebene Anzahl von Verkäufern, die sich normalerweise zur Beratung der Kundschaft im Shop aufhalten.
- Entfernung zum Zentrum (Spalte D): Absolute Entfernung des Shops in Km zum gemäß Stadtplan definierten Stadtzentrum.
- Shop-Qualifikationsindex (Spalte E): Ihr Vertrieb schult die Mitarbeiter der Shops bzgl. Ihrer Produkte. Entsprechend des zuletzt bewerteten Kenntnisstands wurde die Qualifikation des Shops bzgl. Ihrer Produkte mit den folgenden Merkmalsausprägungen eingestuft:
  – „Handlungsbedarf" (kodiert mit Wert 0)
  – „Durchschnitt" (kodiert mit Wert 1)

- „Gut" (kodiert mit Wert 2)
- Sehr gut (kodiert mit Wert 3)
- Verkäufe Produkt 1 (Spalte F): Verkaufszahlen von Produkt 1 (P1) in Stück
- Verkäufe Produkt 2 (Spalte G): Verkaufszahlen von Produkt 2 (P2) in Stück
- Verkäufe Produkt 3 (Spalte H): Verkaufszahlen von Produkt 3 (P3) in Stück

3.2 Fragestellungen

a. Zunächst möchten Sie feststellen, welches der Produkte sich besser verkauft – und zwar zunächst insgesamt und dann bezogen auf die Shop-Platzierung.
b. Anschließend konzentrieren Sie sich auf die Verkaufszahlenschwankungen der Produkte. Ihr Vorgesetzter hat im Einstellungsgespräch durchblicken lassen, dass das Produkt mit größerer Schwankung wegen der schwierigeren Disponierung aus dem Sortiment genommen und an einen Konkurrenten verkauft werden soll. Sie möchten aber gesondert überprüfen, ob dies gerechtfertigt ist. Welches Feedback geben Sie Ihrem Vorgesetzten?
c. Um die bisherigen Ergebnisse vielleicht besser einordnen zu können, möchten Sie sich einen Eindruck zum Shop-Qualifikationsindex und zur Shop-Platzierung verschaffen.
d. Nachvollziehbare Ergebnisse aus einer Vorstudie zum selben Sachverhalt verdeutlichen, dass die Absatzmengen für P1 und P2 umso höher ausfallen, je besser die Shop-Qualifikation ist. Dies führt Sie zu der Überlegung, ob sich Shop-Platzierung und Shop-Qualifikationsindex gegenseitig beeinflussen. Welche Empfehlung leiten Sie, auch unter Rückgriff auf die Analyseerkenntnisse der vorangegangenen Schritte, hieraus ab?
e. Ihre Assistentin hat aus Gesprächen mit den Einzelhändlern die Information erhalten, dass es eine Komplementärbeziehung zwischen den Produkten P1 und P2 gibt. Untersuchen Sie diesen Sachverhalt grafisch und analytisch. Welcher Aspekt, den Sie für ggf. nachfolgende Untersuchungen berücksichtigen sollten, fällt Ihnen dabei in der grafischen Analyse auf?
f. Ebenso weist Ihre Assistentin Sie auf eine vermeintliche Kannibalisierung zwischen den Produkten P1 und P3 hin. Untersuchen Sie diesen Sachverhalt ebenso grafisch und analytisch. Ist die Vermutung Ihrer Assistentin korrekt?
g. Ihre Assistentin legt Ihnen eine Häufigkeitsverteilung für die Verkaufszahlen von Produkt P1 in Toplage vor. Aus dem von ihr erstellten Säulendiagramm können Sie jedoch keine Information herauslesen. Sie erinnern sich an eine Methode die Daten zur besseren Übersicht zusammenzufassen und visualisieren das Ergebnis in vereinfachter Form.

3.3 Hinweise und Lösung

3.3.1 Tangierte Themengebiete

- Häufigkeitsverteilungen für eindimensionale Verteilungen und deren tabellarische und grafische Aufbereitung
- Maßzahlen für eindimensionale Verteilungen
- Bivariate Analyse

3.3.2 Lösungsfördernde Strukturfragen

a. Welche Merkmale sind relevant?
   Welche Skalenniveaus weisen die Merkmale auf?
   Welche Kennzahlen kommen infrage?
   Wie können Sie die Kennzahl nach einem anderen Merkmal (Kriterium) differenzieren?
b. Welche Merkmale sind relevant?
   Welche Skalenniveaus weisen die Merkmale auf?
   Welche Kennzahlen kommen in Frage?
   Mit welcher Kennzahl ermitteln Sie relative Werte zum Zweck der Vergleichbarkeit?
   Welche Interpretation ermöglicht diese Kennzahl? Wie ist die Reihenfolge der Produkte bzgl. ihrer Verkaufszahlenschwankungen?
c. Welche Merkmale sind relevant?
   Welche Skalenniveaus weisen die Merkmale auf?
   Wie können Sie sich einen Überblick über die Verteilung der Ausprägungen je Merkmal verschaffen?
   Welche Diagramme und welche Kennzahlen kommen infrage?
d. Welche Merkmale sind relevant?
   Welche Skalenniveaus weisen die Merkmale auf?
   Wird nach einer Ursache-Wirkungsbeziehung (Dependenzanalyse) oder nach einem generellen Zusammenhang gefragt?
   Benötigen Sie zur Beantwortung Ihrer Fragen einen funktionalen Zusammenhang oder genügt die Angabe einer einzelnen Kennzahl?
   Wie können Sie das entsprechende Ergebnis einer weiteren Detailanalyse unterziehen?
e. Welche Merkmale sind relevant?
   Welche Skalenniveaus weisen die Merkmale auf?
   Sollen paarweise Beziehungen beleuchtet werden, oder genügt die separate Darstellung Merkmal für Merkmal?
   Wird nach einer Ursache-Wirkungsbeziehung (Dependenzanalyse) oder nach einem generellen Zusammenhang gefragt?

Benötigen Sie zur Beantwortung Ihrer Fragen einen funktionalen Zusammenhang oder genügt die Angabe einer einzelnen Kennzahl?
In welchem Bereich müsste die Kennzahl zum Hinweis auf eine Komplementärbeziehung liegen?
f. Welche Merkmale sind relevant?
Welche Skalenniveaus weisen die Merkmale auf?
Sollen paarweise Beziehungen beleuchtet werden, oder genügt die separate Darstellung Merkmal für Merkmal?
Wird nach einer Ursache-Wirkungsbeziehung (Dependenzanalyse) oder nach einem generellen Zusammenhang gefragt?
Benötigen Sie zur Beantwortung Ihrer Fragen einen funktionalen Zusammenhang oder genügt die Angabe einer einzelnen Kennzahl?
In welchem Bereich müsste die Kennzahl zum Hinweis auf eine Kannibalisierung liegen?
g. Welches Merkmal ist betroffen?
Welches Skalenniveau weist das Merkmal auf?
Wieso ist das Säulendiagramm zur Häufigkeitsverteilung unübersichtlich?
Welches ist die maximale Anzahl von Rubriken?
Wie bilden Sie diese?
Welches Diagramm eignet sich für eine Häufigkeitsverteilung auf Grundlage der Rubriken?

3.3.3 Benötigte statistische Methoden

a. Summen- oder Mittelwertberechnung je Produkt. Anschließend Differenzierung der Kennzahlen nach dem Merkmal „Shop-Platzierung"
b. Variationskoeffizient
c. Häufigkeitstabelle, Median
d. Rangkorrelation nach Spearman (Rho), bedingte Häufigkeitsverteilung
e. Korrelationskoeffizient, Streudiagramm
f. Korrelationskoeffizient, Streudiagramm
g. Das vorgelegte Säulendiagramm wird wegen vieler Merkmalsausprägungen mit geringen relativen Häufigkeiten sehr unübersichtlich und ist faktisch nicht interpretierbar. Zur übersichtlicheren Darstellung sollte ein Klassieren der Daten vorgenommen werden. Zur grafischen Darstellung bietet sich hier dann ein Histogramm an. Da dieses in Excel aber nur umständlich dargestellt werden kann, wird die Visualisierung in vereinfachter Form mit einem Säulendiagramm vorgenommen.

3.3.4 Umsetzung in Excel

a. Pivot-Tabelle für „Verkäufe Produkt 1" bis „Verkäufe Produkt 3" mit Differenzierung nach „Shop-Platzierung" (über Spalten oder Zeilen).
b. Berechnung von Mittelwerten und Standardabweichungen je Produkt über Pivot-Tabellen.
Variationskoeffizienten über eigenerstellte Formel.
c. Pivot-Tabelle, Säulendiagramm, Funktion „Median"
d. Im Wesentlichen müssen die Berechnungen durch eigenerstellte Formeln in Excel durchgeführt werden.
In diesen Formeln oder zur Berechnung von Teilergebnissen kann auf folgende Excel-Funktionen zurückgegriffen werden:
RANG.MITTELW, MITTELWERT, POTENZ (oder „^"-Operator), SUMME
e. Punkt-XY-Diagramm
Daten – Datenanalyse – Korrelation
f. Punkt-XY-Diagramm
Daten – Datenanalyse – Korrelation
g. Funktionen MIN und MAX zur Eruierung des Wertebereiches und dessen Breite.
WURZEL zur Bestimmung der maximalen Klassenanzahl.
Daten – Datenanalyse – Histogramm

3.3.5 Erläuterungen zur Lösung

a. Für die Anlage der Pivot-Tabelle werden die Merkmale „Shop-Platzierung" (Spalte A), „Verkäufe Produkt 1" (Spalte B), „Verkäufe Produkt 2" (Spalte C) und „Verkäufe Produkt 3" (Spalte D) in ein gesondertes Tabellenblatt kopiert und die entsprechenden Spalten im Dialog „PivotTable erstellen" im Bereich „Tabelle oder Bereich auswählen" eingetragen (vgl. Abschn. 2.2.1).
Es können alle 3 Merkmale zu den Verkaufszahlen gemeinsam in den Bereich „WERTE" gezogen werden, die Wertfeldeinstellungen müssen auf „Mittelwert" gesetzt werden.
Der Eintrag „Σ Werte" im Bereich „ZEILEN" wird automatisch systemseitig gesetzt. Dieser ließe sich auch in den Bereich „SPALTEN" ziehen, die nachfolgende Darstellung würde dann lediglich transponiert.
Um die Mittelwerte differenziert nach dem Merkmal „Shop-Platzierung" berechnen zu können, ist das Merkmal „Shop-Platzierung" zusätzlich in den Bereich „SPALTEN" zu ziehen (vgl. Abb. 3.1 oben).
Im Ergebnis werden dann in einer Zeile der Pivot-Tabelle die Mittelwerte der Verkäufe des entsprechenden Produktes angezeigt (vgl. Abb. 3.1 unten) – und zwar über die Spalten differenziert nach den Merkmalsausprägungen von „Shop-Platzierung". In der

	FILTER		SPALTEN
			Shop-Platzierung ▼

	ZEILEN		Σ WERTE
	Σ Werte ▼		Mittelwert von Verkäufe Produkt 1 ▼
			Mittelwert von Verkäufe Produkt 2 ▼
			Mittelwert von Verkäufe Produkt 3 ▼

	Shop-Platzierung			
Werte	0	1	2 (Leer)	Gesamt-ergebnis
Mittelwert von Verkäufe Produkt 1	49,52	99,37	252,48	112,78
Mittelwert von Verkäufe Produkt 2	9,88	24,74	50,66	25,39
Mittelwert von Verkäufe Produkt 3	80,05	60,17	11,40	56,91

Abb. 3.1 Einstellung und Ergebnis Mittelwert-Berechnung

letzten Spalte („Gesamtergebnis") erscheinen die Gesamtmittelwerte der Verkäufe je Produkt (ohne differenzierende Einschränkung).

Hinweis: Da die Anzahl der Beobachtungen für jedes der Produkte identisch ist, könnte auch die Wertfeldeinstellung „Summe" genutzt werden.

Ergebnis: Die Gesamtrangfolge ändert sich bei differenzierter Betrachtung über die Shop-Platzierung. Während sich Produkt 1 insgesamt sowie in Top- und mittlerer Lage am besten verkauft, ist es bei Shops in Randlage das Produkt 3, welches sich in Toplage wiederum am schlechtesten verkauft.

b. Für die Anlage der Pivot-Tabelle werden die Merkmale „Verkäufe Produkt 1" (Spalte A), „Verkäufe Produkt 2" (Spalte B) und „Verkäufe Produkt 3" (Spalte C) in ein gesondertes Tabellenblatt kopiert und die entsprechenden Spalten im Dialog „PivotTable erstellen" im Bereich „Tabelle oder Bereich auswählen" eingetragen (vgl. Abschn. 2.2.1).

Im Vergleich zum Vorgehen in Abb. 3.1 oben muss hier das differenzierende Merkmal „Shop-Platzierung" wieder aus dem Bereich „SPALTEN" entfernt werden.

Da nachfolgend aber die Schwankungswerte von „Verkäufe Produkt 1", „Verkäufe Produkt 2" und „Verkäufe Produkt 3" verglichen werden müssen, benötigt man eine relative Schwankungskennzahl. Diese bietet der Variationskoeffizient, dessen direkte

3.3 Hinweise und Lösung

Berechnung in der Pivot-Tabelle nicht möglich ist. Deshalb wird für jedes der drei betroffenen Merkmale im Vergleich zu Abb. 3.1 oben zusätzlich die Standardabweichung durch Ziehen in den Bereich „WERTE" und entsprechende Änderung über „Wertfeldeinstellungen" berechnet (Ergebnis vgl. Abb. 3.2 oben). Auf dieser Grundlage werden dann durch selbsterstellte Formeln die Variationskoeffizienten berechnet (vgl. Abb. 3.2 unten).

Hinsichtlich der Disponierung unterscheiden sich die Produkt also nicht wesentlich, da alle starken Nachfrageschwankungen unterliegen. Absolut gesehen ist das Produkt 1 das mit der größten relativen Nachfrageschwankung. Allerdings ist es gleichzeitig auch das absatzstärkste Produkt. Sie sollten Ihrem Vorgsetzen von voreiligen Maßnahmen abraten und ggf. weitere Detailanalysen empfehlen.

c. Um die folgenden Zellbezüge möglichst übersichtlich zu halten, werden die Merkmale „Shop-Qualifikationsindex" (Spalte A) und „Shop-Platzierung" (Spalte G) in ein gesondertes Tabellenblatt kopiert. Die Darstellungen sind hier für das Merkmal „Shop-Qualifikationsindex" ausgeführt. Die analoge Vorgehensweise ist für das Merkmal „Shop-Platzierung" umzusetzen (vgl. „Fallstudie Produktmanagement.xlsx; Tabellenblatt c)").

Als Grundlage wird eine Pivot-Tabelle mit dem Merkmal „Shop-Qualifikationsindex" angelegt. Das heißt die Spalte A wird im Dialog „PivotTable erstellen" im Bereich „Tabelle oder Bereich auswählen" eingetragen. Die Pivot-Tabelle wird in der Zelle 'c)'!$C$1 platziert (vgl. Abschn. 2.2.1). Dasselbe Merkmal wird dann in den Bereich „ZEILEN" und mit der Wertfeldeinstellung „Anzahl" in den Bereich „WERTE" gezogen. Im Ergebnis finden sich die Merkmalsausprägungen dann im Bereich der Zellen C2 bis C5 und die zugehörigen absoluten Häufigkeiten in den Zellen D2 bis D5.

Auf dieser Grundlage wiederum wird zur Visualisierung ein Säulendiagramm erstellt. Über die Menüfolge „Einfügen – Diagramme" und Auswahl des Eintrags Säule in der Darstellungsart „3D-Säulen (gruppiert)" erhält man den Rahmen des Diagramms. Hier

	F	G	H
1	**Werte**		
2	Mittelwert von Verkäufe Produkt 1	112,78	
3	Mittelwert von Verkäufe Produkt 2	25,39	
4	Mittelwert von Verkäufe Produkt 3	56,91	
5	Standardabweichung (Stichprobe) von Verkäufe Produkt 1	69,75	
6	Standardabweichung (Stichprobe) von Verkäufe Produkt 2	14,66	
7	Standardabweichung (Stichprobe) von Verkäufe Produkt 3	24,78	
8			
9	**Variationskoeffizient**	Wert	Zellinhalt
10	Verkäufe Produkt 1	0,62	=G5/ABS(G2)
11	Verkäufe Produkt 2	0,58	=G6/ABS(G3)
12	Verkäufe Produkt 3	0,44	=G7/ABS(G4)

Abb. 3.2 Einstellung und Ergebnis Berechnung Variationskoeffizient

wird vorrangig auf den Vorgang „Daten auswählen" eingegangen. Im Dialog „Datenquelle auswählen" werden die oben angegebenen Zellen für Merkmalsausprägungen und absolute Häufigkeiten eingetragen (vgl. Abb. 3.3 oben). In der Ergebnisdarstellung werden zum besseren Nachvollzug die absoluten Häufigkeiten über die „+"-Schaltfläche „Diagrammelemente" mittels Aktivieren des Eintrags „Datenbeschriften" zusätzlich angezeigt (vgl. Abb. 3.3 unten).

Als Mittelwertkennzahl wird entsprechend des ordinalen Skalenniveaus bei beiden Merkmalen der Median mit der gleichnamigen Excel-Funktion berechnet. Das heißt

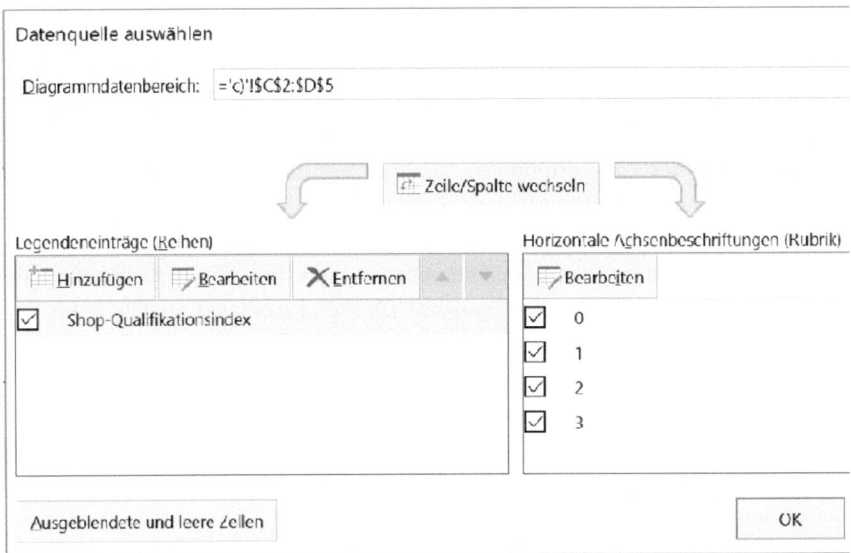

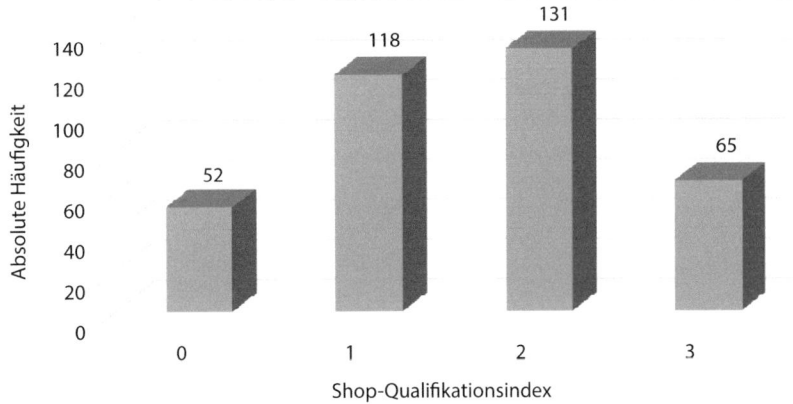

Abb. 3.3 Säulendiagramm Häufigkeit Shop-Qualifikationsindex

3.3 Hinweise und Lösung

„=MEDIAN(A:A)" bzw. „=MEDIAN(G:G)". Für den „Shop-Qualifikationsindex" erhält man den Wert 2. Das heißt in der aufsteigend geordneten Reihe der Nennungen zum „Shop-Qualifikationsindex" steht die Bewertung mit 2 in der Mitte der Beobachtungsreihe. Somit kann man die Mitarbeiter in den Shops für Ihre Produkte im Mittel als gut ausgebildet bezeichnen. Bei „Shop-Platzierung" ergibt sich der Wert 1, d. h. im Mittel sind die Shops in mittlerer Lage platziert.

d. Zum besseren Nachvollzug werden die Merkmale „Shop-Platzierung" (Spalte A) und „Shop-Qualifikationsindex" (Spalte B) in ein gesondertes Tabellenblatt kopiert. Anschließend werden in den Spalten C und D merkmalsbezogen die Rangwerte über die Funktion „RANG.MITTELW" berechnet (vgl. Abb. 3.4).

Zur Berechnung der benötigten Rangkorrelationskennzahl werden im Weiteren folgende Schritte abgearbeitet (alternativ ist nach der Berechnung der Rangwerte je Merkmal die Anwendung der Funktion „KORREL" für die Rangwerte der Merkmale möglich):

- Berechnung Rangmittelwert je Merkmal: Formel MITTELWERT. Für Shop-Platzierung (SP) Berechnung in Zelle E2, und für Shop-Qualifikationsindex (SQI) Berechnung in Zelle F2.
- Berechnen der datensatz- und merkmalsbezogenen Rangdifferenz. Am Beispiel SP für den ersten Datensatz in Zelle G2 mit der Formel „=C2-$E$2". Für SQI in Zelle I2
- Datensatz- und merkmalsbezogenes Quadrieren der jeweiligen Rangdifferenz. Am Beispiel SP für den ersten Datensatz in H2 mit „=G2^2". Für SQI analog in Zelle J2
- Berechnen des Produktes der datensatzbezogenen Rangdifferenzen („Zählersummanden"). Für den ersten Datensatz entsprechend in der Zelle K2.
- Die eigentliche Rangkorrelationskennzahl gemäß der Formel

$$r_S = \frac{\sum_{i=1}^{n}(r(x_i) - \bar{r}(X)) \cdot (r(y_i) - \bar{r}(Y))}{\sqrt{\sum_{i=1}^{n}(r(x_i) - \bar{r}(X))^2 \cdot \sum_{i=1}^{n}(r(y_i) - \bar{r}(Y))^2}}$$

wird abschließend wie folgt berechnet:
„=SUMME(K2:K367)/WURZEL(SUMME(H2:H367)*SUMME(J2:J367))"

	A	B	C	D
1	Shop-Platzierung (SP)	Shop-Qualifikationsindex (SQI)	Rangwert SP	Rangwert SQI
2	=RANG.MITTELW(A2;A:A;1)	1	46,5	111,5
3		2	46,5	236
4	0	1	46,5	111,5
5	=RANG.MITTELW(B2;B:B;1)	2	46,5	236
6		1	46,5	111,5
7	0	1	46,5	111,5
8	0	1	46,5	111,5

Abb. 3.4 Ermitteln der merkmalsbezogenen Rangwerte

Resultate und Schlussfolgerungen:
- Ergebniswert: 0,097
  Das heißt es besteht lediglich ein sehr schwacher, gleichgerichteter Zusammenhang zwischen den beiden Merkmalen.
  Es lässt sich also nicht fundiert festhalten, dass je besser die Platzierung des Shops ist, auch die Qualifikation umso höher ist (bzw. umgekehrt).
  Der Signifikanztest erübrigt sich bei diesem Ergebnis zwar eigentlich, der Vollständigkeit halber sei aber erwähnt, dass der Rangkorrelationswert bei einer Irrtumswahrscheinlichkeit für das fälschliche Ablehnen von H_0 von 0,065 einigermaßen signifikant ist.
- Weiterführende Analyse:
  Da es sich bei der hier berechneten Kennzahl um einen „globalen" Zusammenhangswert handelt, könnte sich angesichts der Ergebnisse aus Vorstudie und aus Teil a) noch ein detaillierterer Blick auf die Merkmalsausprägungskombinationen lohnen.
  Ausgehend von einer Pivot-Tabelle als gemeinsame Häufigkeitsverteilung der beiden Merkmale (vgl. Abb. 3.5 links) werden die bedingten Häufigkeitsverteilungen von Shop-Qualifikationsindex unter der Bedingung der jeweiligen Ausprägung der Shop-Platzierung mittels „% des Spaltengesamtergebnisses" in „Werte anzeigen als" berechnet (vgl. Spalten in Abb. 3.5 rechts).
  Hier ergeben sich in Übereinstimmung zum Korrelationswert je Zeile in etwa gleich große Werte. Das heißt der Anteil der jeweiligen SQI-Merkmalsausprägungen ist gleich, unabhängig davon, welche SP vorliegt.
  In der bedingten Verteilung von SQI für Toplagen ist eine Tendenz zur höheren Qualifikation zu sehen (rund 65 % (0,4355 + 0,2097 in Abb. 3.5 rechts) der Shops in Toplage haben einen eher hohen SQI, im Vergleich zu rund 53 % für die mittleren Lagen und 48 % für die Randlagen).
  Unter Beachtung der Information aus der Vorstudie (Absatzmengen der Produkte P1 und P2 fallen umso höher aus, je besser die Shop-Qualifikation ist) würde man

Anzahl von SP	SP				Gesamtergebnis
SQI		0	1	2 (Leer)	
0		12	36	4	52
1		36	64	18	118
2		31	73	27	131
3		13	39	13	65
(Leer)					
Gesamtergebnis		92	212	62	366

Bedingte relative Häufigkeiten von SQI ("Wirkung") unter der Bedingung von SP ("Ursache")				
	SP			Randverteil.
SQI	0	1	2	
0	0,1304	0,1698	0,0645	0,142
1	0,3913	0,3019	0,2903	0,322
2	0,3370	0,3443	0,4355	0,358
3	0,1413	0,1840	0,2097	0,178

Abb. 3.5 Bedingte relative Häufigkeitsverteilungen

3.3 Hinweise und Lösung

aber vielleicht für die Toplage (stärkste Umsätze für P1 und P2 liegen in Toplagen, vgl. Teil a)) eindeutigere Werte erwarten, so dass als Maßnahme gerade für die Geschäfte in Toplage mit unterdurchschnittlicher Qualifikation eine Schulungsinitiative gestartet werden könnte, um das dortige Potenzial weiter auszuschöpfen. Als weitere Vorarbeit könnten dazu noch die Mittelwertunterschiede in den Verkäufen von P1 und P2 in Toplage gruppiert nach SQI analysiert werden.

e. Für eine übersichtlichere Darstellung der Einträge beim Aufruf der Datenanalysefunktionen werden die Merkmale „Verkäufe Produkt 1" (Spalte A) und „Verkäufe Produkt 2" (Spalte B) in ein gesondertes Tabellenblatt kopiert und die entsprechenden Spalten über die Dialogfolge „Daten – Datenanalyse – Korrelation" in „Bereich – Eingabebereich" eingetragen (vgl. Abb. 3.6 oben).

Im Ergebnis (vgl. Abb. 3.6 unten) zeigt der positive Korrelationswert nahe 1, dass die Vermutung der Komplementärbeziehung zwischen den Produkten bestätigt werden kann. Das heißt erhöht (verringert) sich die Absatzmenge bei Produkt 1, so erhöht (verringert) sich auch die Absatzmenge bei Produkt 2 und umgekehrt.

Der zusätzliche Signifikanztest zeigt, dass das Risiko für die fälschliche Ablehnung der Nullhypothese (Korrelationswert ist 0) faktisch gleich 0 ist.

Der positive (gleichgerichtete) Zusammenhang lässt sich auch im Streudiagramm (Einstellung vgl. Abb. 3.7 oben) nachvollziehen. Prinzipiell könnte die Punktewolke durch eine lineare Funktion gut angenähert werden (vgl. Abb. 3.7 unten).

Allerdings sollte zusätzlich berücksichtigt werden, dass die Punktewolken in verschiedenen Abschnitten unterschiedliche Steigungen vermuten lassen. Sollte also nachfolgend ein Funktionzusammenhang ermittelt werden, so sollte dieser abschnittsweise getrennt geschätzt werden.

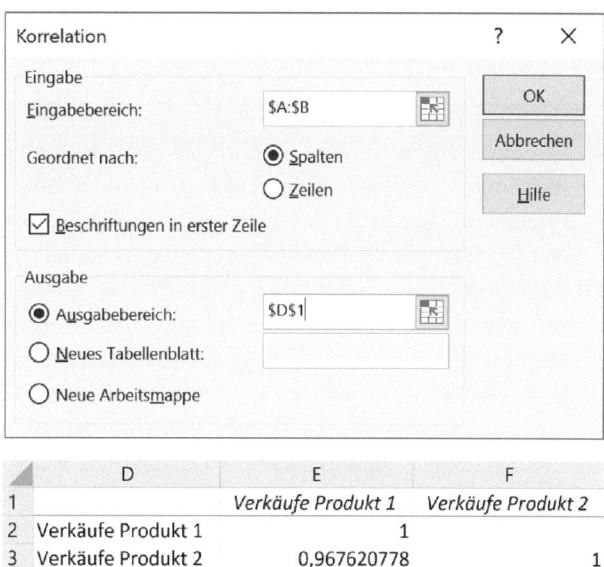

Abb. 3.6 Korrelationsanalyse Komplementärprodukte

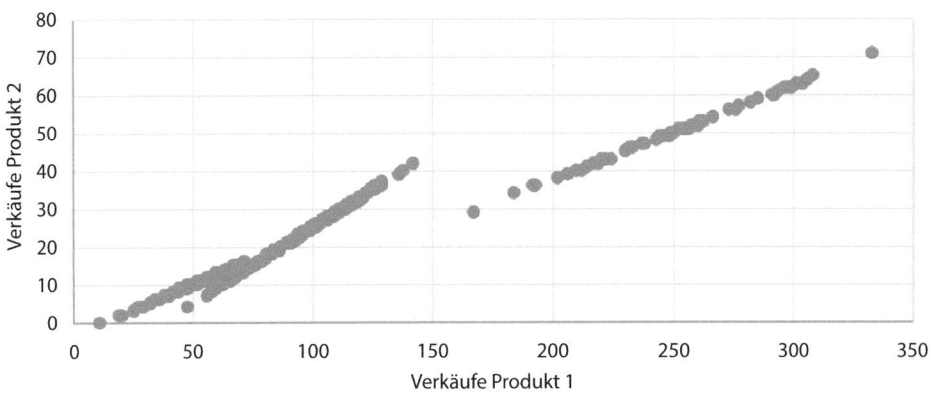

Abb. 3.7 Streudiagramm Komplementärprodukte

f. Für eine übersichtlichere Darstellung der Einträge beim Aufruf der Datenanalysefunktionen werden die Merkmale „Verkäufe Produkt 1" (Spalte A) und „Verkäufe Produkt 3" (Spalte B) in ein gesondertes Tabellenblatt kopiert und die entsprechenden Spalten über die Dialogfolge „Daten – Datenanalyse – Korrelation" in „Bereich – Eingabebereich" eingetragen (analog zu Abb. 3.6 oben).

Im Ergebnis (vgl. Abb. 3.8) zeigt der negative Korrelationswert nahe -1, dass die Vermutung der Kannibalisierung zwischen den Produkten bestätigt werden kann. Das heißt erhöht (verringert) sich die Absatzmenge bei Produkt 1, so verringert (erhöht) sich die Absatzmenge bei Produkt 3 und umgekehrt.

Der zusätzliche Signifikanztest zeigt, dass das Risiko für die fälschliche Ablehnung der Nullhypothese (Korrelationswert ist 0) faktisch gleich 0 ist.

3.3 Hinweise und Lösung

	D	E	F
1		Verkäufe Produkt 1	Verkäufe Produkt 3
2	Verkäufe Produkt 1	1	
3	Verkäufe Produkt 3	-0,926407308	1

Abb. 3.8 Korrelationsanalyse kannibalisierende Produkte

Der negative (entgegenesetzt-gerichtete) Zusammenhang lässt sich auch im Streudiagramm (Einstellung analog Abb. 3.7 links) nachvollziehen (Ergebnis vgl. Abb. 3.9). Prinzipiell könnte die Punktewolke durch eine lineare Funktion gut angenähert werden – auch wenn die Abweichungen im Vergleich zum Streudiagramm zwischen Produkt 1 und Produkt 2 stärker ausfallen, was wiederum am betragsmäßig kleineren Korrelationswert in diesem Fall nachvollziehbar ist.

g. Für eine übersichtlichere Darstellung der Einträge beim Aufruf der Datenanalysefunktionen werden die Merkmale „Shop-Platzierung" (Spalte A) und „Verkäufe Produkt 1" (Spalte B) in ein gesondertes Tabellenblatt kopiert und die entsprechenden Spalten im Dialog „PivotTable erstellen" im Bereich „Tabelle oder Bereich auswählen" eingetragen (vgl. Abschn. 2.2.1).

Durch Hereinziehen des Merkmals „Shop-Platzierung" in den Bereich „FILTER" und des Merkmals „Verkäufe Produkt 1" z. B. in den Bereich „ZEILEN" erhält man eine Übersicht der Verkaufszahlen von Produkt P1, welche in der Ergebnisdarstellung dann auf „Shop-Platzierung" = 2 (d. h. Toplagen) gefiltert dargestellt werden kann (vgl. Abb. 3.10).

Zur Durchführung der Klassierung wird zunächst der Range des Wertebereichs von „Verkäufe Produkt 1" in Toplage mit 166 über „=MAX(F:F)-MIN(F:F)" in Zelle I4 bestimmt.

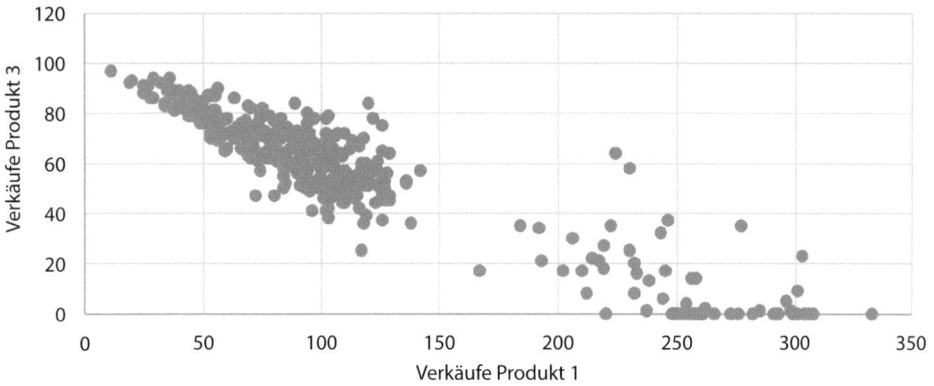

Abb. 3.9 Streudiagramm kannibalisierende Produkte

	F	G
1	Shop-Platzierung 2	
2		
3	**Zeilenbeschrift**	
4	167	
5	184	
6	192	
7	193	
8	202	

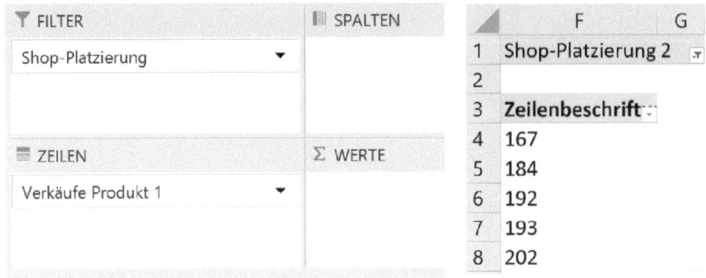

Abb. 3.10 Einstellung und Ergebnis (Ausschnitt) Pivot-Tabelle Datensätze Verkäufe P1 in Toplage

Die maximale Anzahl von Klassen wird generell mit $\sqrt{n}$ angegeben und hier über „WURZEL(ANZAHL2(F4:F57))" berechnet und in I8 abgelegt. Gerundet wird entsprechend eine Darstellung mit 7 Klassen weiterverfolgt.
Anschließend werden Klassen identischer Breite („=I4/RUNDEN(I8;0)") gebildet. Dies kann standardmäßig so verfolgt und ggf. anschließend durch Adaption der Klassengrenzen angepasst werden.
Beginnend mit „MIN(F:F)" zzgl. der entsprechenden Breite ergibt sich dann die Obergrenze der ersten Klasse. Für die weiteren wird jeweils entsprechend ein Vielfaches der Breite hinzuaddiert (vgl. Abb. 3.11 links).
Die absoluten Klassenhäufigkeiten zur Klassierte Häufigkeitsverteilung werden über die Menüfolge „Daten – Datenanalyse – Histogramm" berechnet (Vorgaben entsprechend Abb. 3.11 rechts).

	I	J
12	**Klasse**	**Obergrenze**
13	K1	190,71
14	K2	214,43
15	K3	238,14
16	K4	261,86
17	K5	285,57
18	K6	309,29
19	K7	333,00

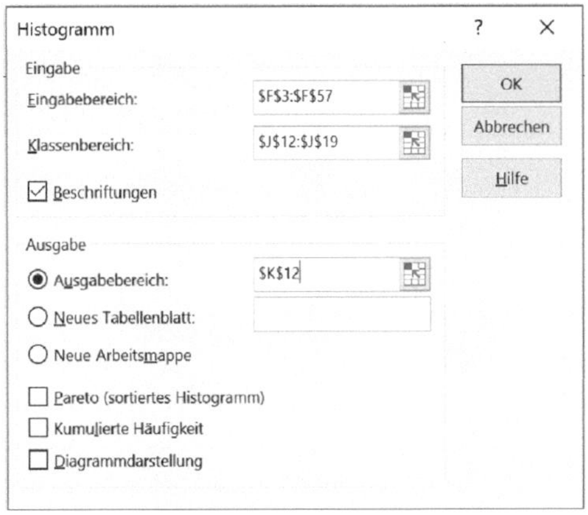

Abb. 3.11 Klasseneinteilung

3.3 Hinweise und Lösung

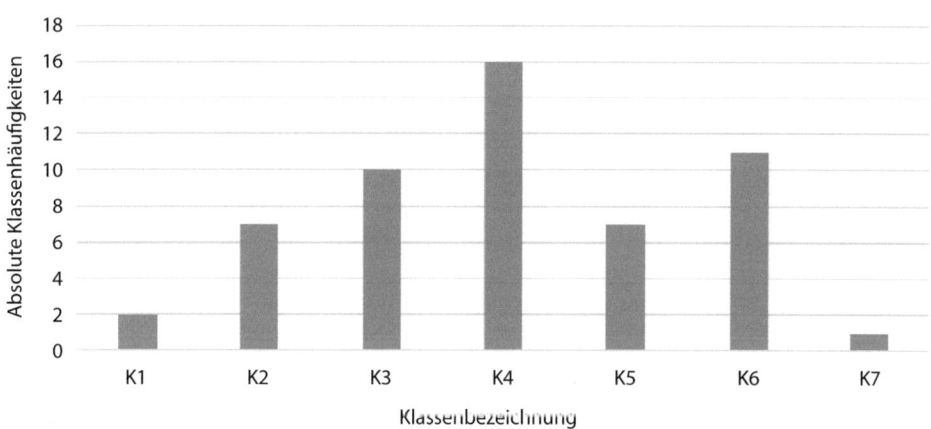

Abb. 3.12 Ergebnisse Klassieren

Die Ergebnisse (Klassierte Häufigkeitsverteilung und vereinfachte Darstellung Säulendiagramm) sind in Abb. 3.12 zusammengestellt.

Die meisten Verkäufe von P1 in Toplage liegen also in der Klasse 4 mit Stückzahlen zwischen gerundet 238 und 262 mit absolut 16 Fällen. Aber auch die Klasse 6 mit Stückzahlen zwischen gerundet 286 und 310 sticht mit absolut 11 Fällen noch etwas heraus.

Fallstudie Fernbuslinienunternehmen 4

4.1 Beschreibung der Ausgangslage

Ein Fernbuslinienunternehmen hat eine Untersuchung zur Dienstleistungsqualität durchgeführt.

Dieses führt täglich 70 Fahrten mit im Durchschnitt 35 Reisenden pro Fahrt durch.

Es wurden an einem Tag zufällig 121 Reisende aller Fahrten befragt. Prinzipiell kann ein Fahrgast mehrfach befragt worden sein.

Im Einzelnen sind in jedem der Datensätze aus der Befragung die folgenden Informationen enthalten:

- Laufende Nummer (Spalte A): Eindeutige interne Nummer

Über ein äquidistantes Punktesystem von 1 (sehr schlecht) bis 7 (sehr gut) – d.h. die Abstände zwischen den Merkmalsausprägungen werden als quantifizierbar mit einer elementaren Basiseinheit („ein Punkt") angesehen – konnten die Reisenden eine subjektive Bewertung folgender Merkmale („Bewertungsitems") abgeben:

- Verpflegung (Spalte D)
- Pünktlichkeit (Spalte E)
- Operativer Ablauf (Spalte F)
- Hygiene (Spalte G)
- Gesamtzufriedenheit mit der Reise (Spalte H)

Von jedem Reisenden wurden darüber hinaus folgende Merkmale („Zusatzitems") erfasst:

- Altersgruppe (Spalte B) mit den Merkmalsausprägungen:
  - 1: Altersgruppe 12–17
  - 2: Altersgruppe 18–25
  - 3: Altersgruppe 36–45
  - 4: Altersgruppe 46 und älter
- Berufsgruppe (Spalte C) mit den Merkmalsausprägungen:
  - 1: Studierende
  - 2: Arbeiter/Angestellte
  - 3: Beamte
  - 4: Selbständige
- Kundentyp (Spalte I): Es wird hiermit festgehalten, ob der Reisende zum ersten Mal Kunde des Unternehmens ist („Erstkunde"), oder ob der Reisende zuvor bereits weitere Reisen mit dem Unternehmen durchgeführt hat („Wiederholungskunde"). Die Merkmalsausprägungen sind wie folgt kodiert:
  - A: Erstkunde
  - B: Wiederholungskunde

4.2 Fragestellungen

a. Sie wollen sich zunächst visuell und anhand von Kennzahlen einen Überblick über die Ergebnisse für jedes Bewertungsitem gesondert verschaffen. Führen Sie dies für ein selbst gewähltes Merkmal aus. Differenzieren Sie die Daten für dieses Merkmal nach einem der Zusatzitems.
b. Im Zentrum Ihrer Studie steht die Frage nach der aktuellen Zufriedenheit Ihrer Kunden. Dazu möchten Sie wissen, welche der Bewertungsitems die Zufriedenheit determinieren. Das heißt von welchen Bewertungsitems kann man sagen, dass, wenn sie „gut" bewertet sind, auch die Zufriedenheit (zumindest tendenziell) „gut" bewertet ist? Dazu analysieren Sie, welches Bewertungsitem am stärksten positiv mit der Gesamtzufriedenheit zusammenhängt.
c. Sofern Sie hierzu Anhaltspunkte entdecken, möchten Sie den gemeinsamen Einfluss der Bewertungsitems auf die Gesamtzufriedenheit analysieren und als Ergebnis u. a. herausarbeiten:
   - Um wie viel Sie sich bei einem Bewertungsitem verbessern müssen, um die Gesamtzufriedenheit um einen halben Bewertungspunkt zu steigern.
   - Welches Bewertungsitem relativ gesehen das Wichtigste ist, um die Gesamtzufriedenheit zu fördern.
   - Ob Ihr Ansatz insgesamt eine gute, stabile und signifikante Erklärungskraft besitzt, und ob der Einfluss der einzelnen Bewertungsitems statistisch signifikant ist.

d. Anschließend widmen Sie sich, in Ergänzung Ihrer vorangegangenen visuellen Analyse, der Frage, ob die Bewertungsitems von unterschiedlichen Gruppen der Reisenden (differenziert anhand der „Zusatzitems") verschieden bewertet worden sind. Hiermit möchten Sie Gruppen identifizieren, auf die Sie künftig in besonderem Maße eingehen müssen.
   a. Überprüfen Sie dazu, ob es Bewertungsunterschiede bzgl. der Berufsgruppen gibt. Führen Sie hierzu für das Bewertungsitem „Hygiene" einen Kennzahlenvergleich durch, und
   b. überprüfen Sie anschließend für die Konstellation „Studierende" – „Arbeiter/Angestellte", ob die etwaigen Kennzahlen-Differenzen paarweise als statistisch signifikant angesehen werden können. Welches Risiko müssten Sie mit den vorliegenden Daten für das fälschliche Verwerfen von Null-Differenzen eingehen können? Die entsprechenden Anteile je Gruppe aus Ihrer Stichprobe wollen Sie auf die Grundgesamtheit hochrechnen. Sie dürfen ausnahmsweise ohne eigene Überprüfung davon ausgehen, dass die Bewertung von Hygiene in der Berufsgruppe 1 („Studierende") normalverteilt ist.
e. Um eine Kundenbindungsinitiative möglichst effizient ausgestalten zu können, überlegen Sie, ob Sie aufgrund der vorliegenden Daten auf die verschiedenen Berufsgruppen unterschiedlich eingehen müssen. Sie möchten demnach prüfen, ob sich die Berufsgruppen unterschiedlich auf die Kundentypen verteilen. Welche Marketing-Maßnahmen könnten Sie hieraus ableiten? Wo sehen Sie in Konsequenz Ansätze für weitergehende Analysen?
f. Das Merkmal „Pünktlichkeit" wurde in der analogen Studie aus dem Vorquartal mit einem Durchschnittswert von 5,4 beurteilt. In der Zwischenzeit haben Sie diverse Maßnahmen zur Verbesserung der Pünktlichkeit vorgenommen. Können Sie aufgrund der nun vorliegenden Daten von einer signifikanten Verbesserung ausgehen? Welches Risiko müssten Sie für das fälschliche Verwerfen des bisherigen Wertes eingehen?

4.3 Hinweise und Lösung

4.3.1 Tangierte Themengebiete

- Häufigkeitsverteilungen für ein- und zweidimensionale Verteilungen und deren tabellarische und grafische Aufbereitung
- Maßzahlen/Kennzahlen für ein- und zweidimensionale Verteilungen
- Bivariate Analyse
- Dependenzanalyse
- Statistische Parametertests

4.3.2 Lösungsfördernde Strukturfragen

a. Welche Merkmale sind relevant?
   Welche Skalenniveaus weisen die Merkmale auf?
   Wie können Sie sich einen Überblick über die Verteilung der Nennungen der Befragten je Merkmal verschaffen?
   Wie können Sie sich einen Überblick über die Verteilung der Nennungen der Befragten je Merkmal und differenziert nach einem Zusatzitem verschaffen?
   Welche Kennzahlen kommen infrage?
   Welche Diagramme kommen infrage?
b. Welche Merkmale sind relevant?
   Welche Skalenniveaus weisen die Merkmale auf?
   Wird nach einer Ursache-Wirkungsbeziehung (Dependenzanalyse) oder nach einem generellen Zusammenhang gefragt?
   Benötigen Sie zur Beantwortung Ihrer Fragen einen funktionalen Zusammenhang oder genügt die Angabe einer einzelnen Kennzahl?
c. Welche Merkmale sind relevant?
   Welche Skalenniveaus weisen die Merkmale auf?
   Wird nach einer Ursache-Wirkungsbeziehung (Dependenzanalyse) oder nach einem generellen Zusammenhang gefragt?
   Benötigen Sie zur Beantwortung Ihrer Fragen einen funktionalen Zusammenhang oder genügt die Angabe einer einzelnen Kennzahl?
d. a. Mit welchen eindimensionalen Kennzahlen können Sie Bewertungsunterschiede in den Gruppen kurz und prägnant quantifizieren?
      Wie berechnen Sie die Kennzahl zur Hygiene differenziert nach Gruppen?
      Mit welcher Verknüpfung dieser Kennzahlen für je zwei Gruppen zeigen Sie die Unterschiede am besten auf?
   b. Genügt die Berechnung einer einzelnen Kennzahl zur Beantwortung der Fragen?
      Handelt es sich um einen statistischen Test? Wenn ja:
      - Liegen eine oder zwei Stichproben zugrunde?
      - Auf welche Parameter geht der statistische Test?
        Welche Verteilungsannahmen können Sie anhand der Gegebenheiten treffen, welche müssen ggf. Sie explizit überprüfen? Welche Werte müssen Sie dazu durch Hochrechnen ermitteln?
e. Welche Merkmale sind relevant?
   Welche Skalenniveaus weisen die Merkmale auf?
   Wird nach einer Ursache-Wirkungsbeziehung (Dependenzanalyse) oder nach einem generellen Zusammenhang gefragt?
   Sollen paarweise Beziehungen beleuchtet werden?
   Benötigen Sie zur Beantwortung Ihrer Fragen einen funktionalen Zusammenhang oder genügt die Angabe einer einzelnen Kennzahl?

Wie können Sie den Wert der Kennzahl interpretieren bzw. den hieraus vermuteten Zusammenhang, sofern bestätigt, im Detail weiter analysieren?

f. Welches Merkmal wird fokussiert?
Genügt die Berechnung einer einzelnen Kennzahl zur Beantwortung der Fragen? Handelt es sich um einen statistischen Test? Wenn ja:
- Liegen eine oder zwei Stichproben zugrunde?
- Auf welche Parameter geht der statistische Test?

Welche Verteilungsannahmen können Sie anhand der Gegebenheiten treffen, welche müssen Sie ggf. explizit überprüfen?

4.3.3 Benötigte statistische Methoden

a. (Zweidimensionale) Häufigkeitstabellen, Säulendiagramm (oder vergleichbares Diagramm); ohne und mit Differenzierung je Ausprägung der Berufsgruppe. Statistische Kennzahlen ohne und mit Differenzierung je Ausprägung der Berufsgruppe.

b. Bivariate Analysen mit je zwei Bewertungsitems. Korrelationskoeffizient

c. Regressionsanalyse mit den Bewertungsitems als unabhängige Variablen und der Gesamtzufriedenheit als abhängiger Variable.
Hinweis: Ggf. in Anbetracht des Ergebnisses aus b) nicht alle Bewertungsitems einfließen lassen.

d. a. Mittelwert- und Standardabweichungsberechnung je Berufsgruppe. Bildung der Mittelwertdifferenzen je möglichem Paar von Berufsgruppen
    b. Zwei-Stichprobentest für den Vergleich zweier Erwartungswerte (unabhängige Stichproben) in der Variante des t-Tests (vgl. Abschn. 2.1.2).
    Nachweis, dass der Korrekturfaktor für endliche Grundgesamtheiten vernachlässigt werden kann.
    Bei expliziter Prämissenprüfung bzgl. Varianzgleichheit: Zwei-Stichprobentest für den Quotienten zweier Varianzen.

e. Bivariate Analyse. Korrigierter Kontingenzkoeffizient
Bedingte relative Häufigkeiten für die Detailanalyse der Abhängigkeit

f. Approximativer Ein-Stichprobentest für den Erwartungswert bei unbekannter Varianz der Grundgesamtheit.
Alternative nach vorangegangener erfolgreicher Prüfung des Merkmals auf Normalverteilung: Ein-Stichprobentest für den Erwartungswert bei unbekannter Varianz der Grundgesamtheit (t-Test).

4.3.4 Umsetzung in Excel

a. Ausführungen am Beispiel des Bewertungsitems „Hygiene":
Pivot-Tabelle für „Hygiene" und „Berufsgruppe". Zunächst zur Erstellung der Häufigkeitsverteilung als Grundlage des Säulendiagramms. Anschließend zur Kennzahlenberechnung.

b. Daten – Datenanalyse – Korrelation

c. Optionale Vorarbeit: Punkt-XY-Diagramme oder Korrelationskoeffizienten jeweils im Paar zwischen Bewertungsitem und Gesamtzufriedenheit, um zu überprüfen, ob ein linearer Funktionstyp gerechtfertigt ist, oder ob ein anderen Funktionstyp zugrunde gelegt werden müsste. Dies ist aber über den Teil b) bereits abgedeckt.
Daten – Datenanalyse – Regression
Weitere Kennzahlenberechnungen auf Grundlage der Ergebnisse der Datenanalysefunktion mit selbst erstellten Formeln.

d. a. Pivot-Tabelle für Kennzahlenberechnung. Anschließend paarweise Differenzen über selbsterstellte Formeln bilden.

b. Im Wesentlichen müssen die Berechnungen durch eigenerstellte Formeln in Excel durchgeführt werden. In diesen Formeln oder zur Berechnung von Teilergebnissen kann auf folgende Excel-Funktionen zurückgegriffen werden:
ZÄHLENWENNS, um die Anzahlen der Elemente in den beiden Gruppen zu bestimmen (Alternative: Pivot-Tabelle).
Pivot-Tabelle, um die Mittelwerte und Standardabweichungen des Merkmals „Hygiene" in den beiden Gruppen zu bestimmen.
T.VERT.2S, um die Irrtumswahrscheinlichkeit für das fälschliche Verwerfen von H_0 bei gegebenem Prüfgrößenwert zu bestimmen.
Alternativ kann bei vorgegebener Irrtumswahrscheinlichkeit die Funktion T.INV.2S zur Bestimmung des Quantilswertes, der für die Ablehnung von H_0 dann vom Prüfgrößenwert überschritten werden muss, genutzt werden.

e. Pivot-Tabelle zur Ermittlung der zweidimensionalen Häufigkeitsverteilung für die Merkmale „Berufsgruppe" und „Kundentyp" als Grundlage der selbst zu erstellenden Formeln für die Kontingenzanalyse. Dabei wird in diesen Formeln oder zur Berechnung von Teilergebnissen auf folgende Excel-Funktionen zurückgegriffen: WURZEL, MIN, MAX, ANZAHL2.
Für den abschließenden Signifikanztest kommt die Funktion CHIQU.VERT.RE zum Einsatz.

f. Im Wesentlichen müssen die Berechnungen durch eigenerstellte Formeln in Excel durchgeführt werden.
In diesen Formeln oder zur Berechnung von Teilergebnissen kann auf folgende Excel-Funktionen zurückgegriffen werden:
ANZAHL2, um die Anzahlen der Elemente in der Stichprobe zu bestimmen.
MITTELWERT, um den Mittelwert des Merkmals „Pünktlichkeit" in der Stichprobe zu bestimmen.

STABW.S, um die Standardabweichung des Merkmals „Pünktlichkeit" in der Stichprobe zu bestimmen.
NORM.S.VERT, um das Grenzrisiko (Irrtumswahrscheinlichkeit) für das fälschliche Verwerfen von H_0 bei gegebenem Prüfgrößenwert zu bestimmen.
Alternativ bei vorgegebener Irrtumswahrscheinlichkeit: NORM.S.INV zur Bestimmung des Quantilswertes, der für die Ablehnung von H_0 dann vom Prüfgrößenwert überschritten werden muss.

4.3.5 Erläuterungen zur Lösung

a. Für die Anlage der Pivot-Tabelle werden alle Spalten aus dem Tabellenblatt „Rohdaten" im Dialog „PivotTable erstellen" im Bereich „Tabelle oder Bereich auswählen" eingetragen (vgl. Abschn. 2.2.1). Zum Nachvollzug der im Weiteren angegebenen Zellbezüge sei vermerkt, dass die Platzierung der Pivot-Tabelle hier in das vorhandene Tabellenblatt in Zelle G4 erfolgte.
Die relevanten Merkmale stellen hier mithin „Hygiene" und „Berufsgruppe" dar. Alle hier benötigen Diagrammdarstellungen und Kennzahlenberechnungen lassen sich direkt auf Grundlage von Pivot-Tabellen umsetzen.
Für die Häufigkeitstabellen und Diagramme wird zunächst eine zweidimensionale Häufigkeitstabelle über eine Pivot-Tabelle erstellt. In Abb. 4.1 finden sich die nötigen Einstellungen links und das Ergebnis im rechten Teil der Darstellung.
Wenn es nun zunächst nur um die Häufigkeitsverteilung des Merkmals (Bewertung von) „Hygiene" geht, erhält man diese aus der entsprechenden Randverteilung. In Abb. 4.1 rechts ist diese in der Zeile „Gesamtergebnis" dargestellt. Das heißt die Höchstbewertung von 7 Punkten gab es von 34 der insgesamt 121 Befragten.
Zur grafischen Darstellung kann man im Säulendiagramm für die „Reihenwerte" eben auf diese Häufigkeitswerte, und für die „horizontalen Achsbeschriftungen" auf die Merkmalsausprägungen des Merkmals (Bewertung) „Hygiene" zurückgreifen (vgl. Abb. 4.1 rechts). Konkret nutzt man im Menü „Einfügen" im Block „Diagramme"

▼ FILTER	⫴ SPALTEN	Anzahl von Bewertung Hygiene	Hygiene ▾						
	Hygiene ▾	Berufs-gruppe ▾	1	2	3	4	5	6	7	Gesamt-ergebnis
		1		1	4	5	4	1		15
≡ ZEILEN	Σ WERTE	2			3	1	17	8	12	41
Berufsgruppe ▾	Anzahl von Hygiene ▾	3	1		1	4	3	6	5	20
		4		1	1	4	9	13	17	45
		Gesamt-ergebnis	2	1	9	14	33	28	34	121

Abb. 4.1 Einstellung und Ergebnis zweidimensionale Häufigkeitstabelle

die Schaltfläche „Säulen- oder Balkendiagramm einfügen" und anschließend z. B. den Eintrag „Gruppierte Säulen". Im Platzhalter der Grafik ruft man im Kontextmenü „Daten auswählen" auf. Es öffnet sich der Dialog „Datenquelle auswählen". Die Auswahlen in „Datenreihe bearbeiten" nach dem Betätigen der Schaltfläche „Hinzufügen" im Bereich „Legendeneinträge (Reihen)" und auch in „Achsenbeschriftungen" nach dem Betätigen von „Bearbeiten" in „Horizontale Achsbeschriftungen (Rubrik)" sind im Dialog „Datenquelle auswählen" in der Angabe „Diagrammdatenbereich" nachvollziehbar (vgl. Abb. 4.2).

Das entsprechende Ergebnis der Häufigkeitsverteilung des Merkmals (Bewertung von) „Hygiene" ist in Abb. 4.3 dargestellt. So lässt sich beispielsweise gut erkennen, dass der Großteil der Befragten die Hygiene im positiven Teilbereich bewertet. Wirklich schlechte Bewertungen sind eher selten.

Für die differenzierte Darstellung nach einer der Berufsgruppen ist bei der Auswahl der Daten im Bereich „Legendeneinträge (Reihen)" lediglich statt der Zeile mit „Gesamtergebnis" eine andere Zeile mit konkreter Ausprägung für „Berufsgruppe" zu markieren.

Durch Hinzufügen weiterer Einträge in „Legendeneinträge (Reihen)" kann man so die Häufigkeitsverteilung für „Hygiene" gegenüberstellend für die verschiedenen Berufsgruppen aufzeigen. Allerdings sollte man zur Vergleichbarkeit auf relative Werte wechseln. Ausgehend von der Pivot-Tabelle lässt sich dies direkt realisieren, wenn man im Kontextmenü im Eintrag „Werte anzeigen als" die Auswahl (entsprechend der hiesigen Struktur der Pivot-Tabelle) auf „% des Zeilengesamtergebnisses" einstellt (vgl. Abb. 4.4).

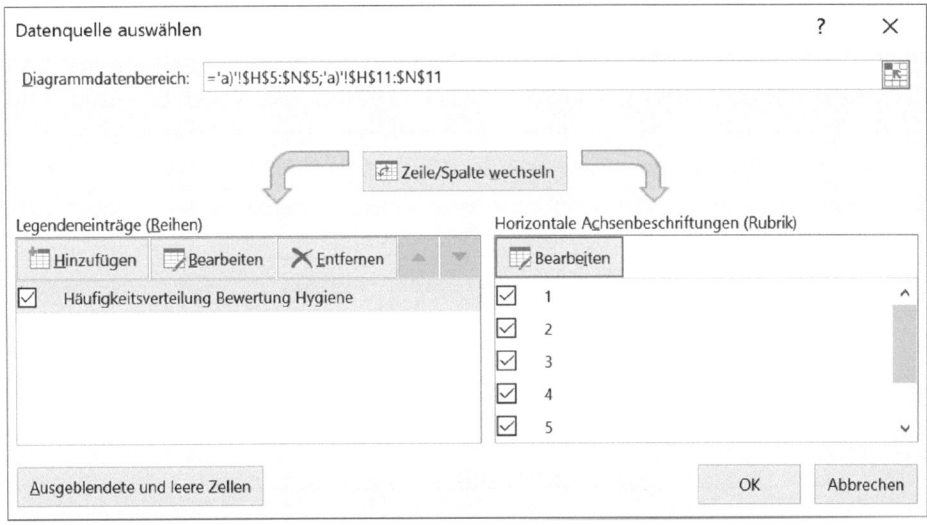

Abb. 4.2 Einstellung für Säulendiagramm zum Merkmal „Hygiene"

4.3 Hinweise und Lösung

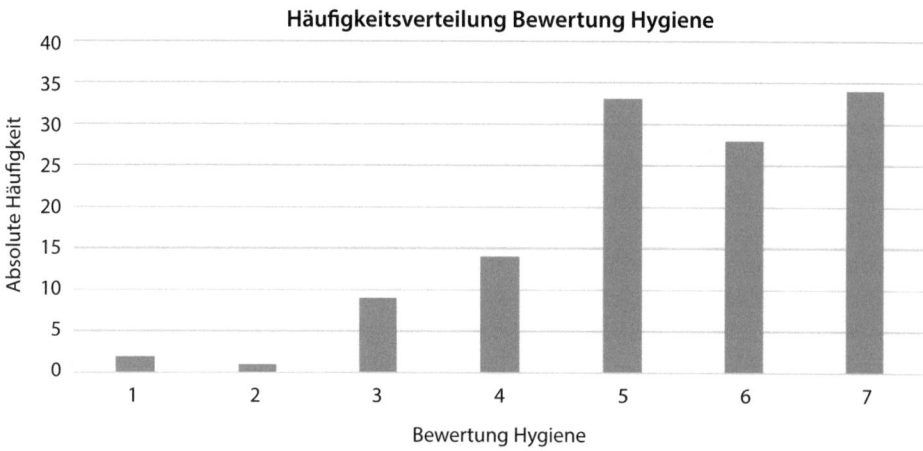

Abb. 4.3 Ergebnis Säulendiagramm zum Merkmal „Hygiene"

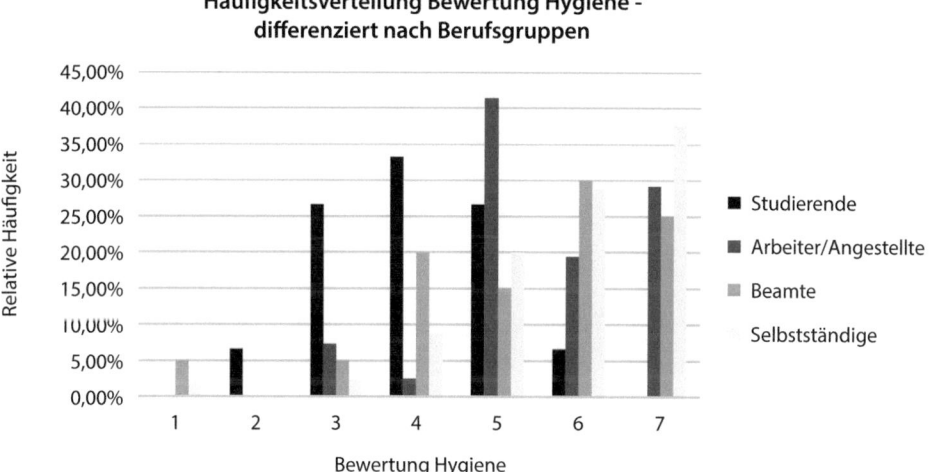

Abb. 4.4 Ergebnis Säulendiagramm zum Merkmal „Hygiene" differenziert nach „Berufsgruppe"

Auf dieser Grundlage kann man z. B. erkennen, dass die Berufsgruppe „Studierende" die „Hygiene" offensichtlich kritischer bewertet haben als die anderen Berufsgruppen. Die gängigen Kennzahlen zur Analyse der Bewertung eines Merkmals (Minimum, Maximum, Mittelwert, Standardabweichung) können auf Grundlage der bereits angelegten Pivot-Tabelle erzeugt werden[1]. Dazu wird das Merkmal „Hygiene" mehrfach

---

[1] Sollen beide Darstellungen nebeneinander erhalten bleiben, kann man den Anzeigebereich der ersten Pivot-Tabelle komplett markieren und in einen anderen Bereich kopieren. Hier können dann die Eigenschaften der Pivot-Tabelle unabhängig vom „Original" angepasst werden.

hintereinander in den Bereich „WERTE" gezogen und jeweils die Wertfeldeinstellung geändert (vgl. Abb. 4.5 links). Zieht man das differenzierende Merkmal „Berufsgruppe" z. B. in den Bereich „ZEILEN" werden alle Kennzahlen für „Hygiene" entsprechend je Merkmalsausprägung von „Berufsgruppe" berechnet (vgl. Abb. 4.5 rechts). So zeigt sich z. B., dass das Merkmal „Hygiene" im Durchschnitt am besten von der Berufsgruppe 4 (Selbständige) bewertet wird. Oder z. B., dass kein Arbeiter/Angestellter (Berufsgruppe 2) die Hygiene schlecher als mit 3 Punkten bewertet hat (Minimum von „Hygiene"). In Einklang mit der Diagramm-Analyse aus Abb. 4.4 haben die Studierenden (Berufsgruppe 1) die Hygiene im Durchschnitt am schlechtesten bewertet.

Die Kennzahlenwerte über alle Beobachtungen finden sich in den vier letzten Zeilen (vgl. Abb. 4.5 rechts).

b. Für eine übersichtlichere Darstellung der Einträge beim Aufruf der Datenanalysefunktionen werden die Merkmale „Verpflegung" (Spalte A), „Pünktlichkeit" (Spalte B), „Operativer Ablauf" (Spalte C), „Hygiene" (Spalte D) und „Gesamtzufriedenheit" (Spalte E) in ein gesondertes Tabellenblatt kopiert und die entsprechenden Spalten über die Dialogfolge „Daten – Datenanalyse – Korrelation" in „Bereich – Eingabebereich" eingetragen (vgl. Abschn. 2.2.2).

Das Ergebnis ist in Abb. 4.6 aufgeführt. Die relevanten Kennzahlen (Zusammenhang je eines „Einzel"-Bewertungsitems mit der Bewertung der Gesamtzufriedenheit) sind

Abb. 4.5 Kennzahlen zu „Hygiene" – gesamt und differenziert nach „Berufsgruppe"

4.3 Hinweise und Lösung

	Verpfle-gung	Pünktlich-keit	Operativer Ablauf	Hygiene	Gesamtzu-friedenheit
Verpflegung	1,0000				
Pünktlichkeit	0,3488	1,0000			
Operativer Ablauf	0,3570	0,7243	1,0000		
Hygiene	0,4512	0,5266	0,5351	1,0000	
Gesamtzufriedenheit	0,5472	0,7430	0,7135	0,6960	1,0000

Abb. 4.6 Korrelationsmatrix

hellgrau hinterlegt. Der größte positive (gleichgerichtete) Zusammenhang besteht somit zwischen den Merkmalen „Pünktlichkeit" und „Gesamtzufriedenheit". Dies ist ein Anhaltspunkt dafür, dass dieses Merkmal die Gesamtzufriedenheit stark beeinflusst.
Die zusätzlichen eigenerstellten Signifikanztests (vgl. Abschn. 2.2.2) zeigen, dass das Risiko für die fälschliche Ablehnung der Nullhypothese (Korrelationswert zwischen zwei Merkmalen ist 0) faktisch gleich 0 ist (vgl. Abb. 4.7).
Der recht hohe Korrelationswert zwischen den Bewertungsitems „Pünktlichkeit" und „Operativer Ablauf" ist in Abb. 4.6 dunkelgrau hinterlegt, weil diese Korrelation zwischen zwei „Einzel"-Bewertungsitems ggf. für die nachfolgenden Analysen noch relevant sein könnte.

c. Die Ausführungen erfolgen hier für die Variante, dass aufgrund der hohen Korrelation der Bewertungsitems „Operativer Ablauf" und „Pünktlichkeit" (vgl. Teil b)) zur Vorbeugung von Multikollinearität (vgl. Abschn. 2.2.2 sowie Backhaus et al. 2015, S. 107–110) nur das Merkmal „Pünktlichkeit" in die Analyse einbezogen wird.
Für eine übersichtlichere Darstellung der Einträge beim Aufruf der Datenanalysefunktionen werden die Merkmale „Verpflegung" (Spalte A), „Pünktlichkeit" (Spalte B), „Hygiene" (Spalte C) und „Gesamtzufriedenheit" (Spalte D) in ein gesondertes Tabellenblatt kopiert und die entsprechenden Spalten über die Dialogfolge „Daten – Datenanalyse – Regression" in „Eingabe – Y-Eingabebereich" (Spalte D) und „Eingabe – X-Eingabebereich" (Spalten A bis C) eingetragen (vgl. Abschn. 2.2.2).
Als Vorarbeit sollte normalerweise überprüft werden, ob die unabhängigen Variablen einzeln einen Zusammenhang mit der abhängigen Variable aufweisen. Dies ist bereits

	Verpfle-gung	Pünktlich-keit	Operativer Ablauf	Hygiene
Verpflegung				
Pünktlichkeit	8,838E-05			
Operativer Ablauf	5,836E-05	6,039E-21		
Hygiene	2,056E-07	5,52E-10	2,568E-10	
Gesamtzufriedenheit	8,351E-11	1,713E-22	4,189E-20	7,983E-19

Abb. 4.7 Signifikanzwerte zu den Korrelationen

Regressions-Statistik			Freiheits-grade (df)	...	Prüfgröße (F)	F krit
Multipler Korrelationskoeffizient	0,85					
Bestimmtheitsmaß	0,72	Regression	3		100,27	3,39E-32
Adjustiertes Bestimmtheitsmaß	0,71	Residue	117			
Standardfehler	0,78	Gesamt	120			
Beobachtungen	121					

Abb. 4.8 Regressionsanalyse – globale Güte

in Teil b) durch die Korrelationsanalyse erfolgt. Alternativ wäre auch die grafische Analyse mittels Streudiagramm (Punkt XY-Diagramm) möglich. Mittels Einfügen von Trendlinien ließen sich so auch nicht-lineare Zusammenhänge identifizieren (vgl. Abschn. 2.2.2).

Im Ergebnis kann der Gesamtansatz mit rund 72 % durch die unabhängigen Variablen erklärtem Anteil an der Gesamtvarianz der abhängigen Variable „Gesamtzufriedenheit" als „noch gut" bezeichnet werden (Bestimmtheitsmaß: 0,72; vgl. Abb. 4.8 links). Dennoch wäre die Überlegung angebracht, welche weiteren, von den bereits in die Untersuchung einbezogenen Bewertungsitems unabhängigen Items die „Gesamtzufriedenheit" determinieren könnten.

Die Stabilität der BHM-Schätzung kann durch den Quotient von Standardfehler (0,78; vgl. Abb. 4.8 links) und Mittelwert der „Gesamtzufriedenheit" (5,5; Formel: MITTELWERT(D:D)) sowie anschließender Interpretation als Variationskoeffizient bewertet werden. Mit 0,1411 wird hier ein mittlerer und somit akzeptabler Wert erreicht. Das Signifikanzniveau des F-Tests F krit zeigt, dass das Bestimmtheitsmaß signifikant von 0 verschieden ist, weil die zugehörige Nullhypothese, dass das Bestimmtheitmaß gleich 0 sei, mit einer Irrtumswahrscheinlichkeit von $3,39 \cdot 10^{-32}$ (also faktisch 0) abgelehnt werden kann (vgl. Abb. 4.8 rechts).

Im sich anschließenden Ausgabeblock können die Regressionskoeffizienten und somit die Einflüsse der einzelnen unabhängigen Variablen auf die abhängige Variable detaillierter analysiert werden (vgl. Abb. 4.9).

Das Signifikanzniveau des t-Tests („P-Wert") zeigt für die Bewertungsitems mit Werten jeweils nahe 0 (also einer Irrtumswahrscheinlichkeit nahe 0 % für die fälschliche Ablehnung der Nullhypothese, dass der Regressionskoeffizient gleich 0 sei), dass die

	Koeffizienten	Standardfehler	t-Statistik	P-Wert	Untere 95%	Obere 95%	Relative Breite des KI
Schnittpunkt	0,128	0,321	0,399	0,691	-0,508	0,764	
Verpflegung	0,181	0,045	4,058	0,000	0,093	0,269	0,246
Pünktlichkeit	0,452	0,054	8,362	0,000	0,345	0,559	0,120
Hygiene	0,353	0,064	5,538	0,000	0,227	0,479	0,181

Abb. 4.9 Regressionsanalyse – Güte Regressionskoeffizienten

4.3 Hinweise und Lösung

Regressionskoeffizienten im gewählten Modell nicht nur zufällig von 0 verschieden sind. Das heißt der Einfluss der unabhängigen Variablen auf die Gesamtzufriedenheit ist jeweils statistisch signifikant.

Die Regressionsfunktion lautet bei einer Notation der unabhängigen Variablen mit X_1 (Verpflegung), X_2 (Pünktlichkeit), X_3 (Hygiene) und einer Genauigkeit auf 3 Nachkommastellen:

$$\hat{Y} = 0{,}128 + 0{,}181 \cdot X_1 + 0{,}452 \cdot X_2 + 0{,}353 \cdot X_3$$

Das heißt erreicht man die Verbesserung der Bewertung der Pünktlichkeit um einen Punkt, so verbessert sich die Bewertung der Gesamtzufriedenheit um 0,452 Punkte („Wirkungsprognose"). Umgekehrt ausgedrückt müsste man sich bei der Bewertung der Pünktlichkeit also um 1,106 Punkte verbessern, um die Bewertung der Gesamtzufriedenheit um einen halben Punkt zu steigern.

Die Breite der Konfidenzintervalle (KI) der Schätzungen der Regressionskoeffizienten lassen sich wiederum durch den Quotienten von Standardfehler und Koeffizient in der Interpretation als Variationskoeffizient beurteilen. Die entsprechende Spalte („Relative Breite des KI") in Abb. 4.9 ist nicht Bestandteil der Standardausgabe, sondern mittels der Formel manuell ergänzt worden.

Alle Werte liegen im mittleren Bereich von relativen Schwankungen. Im Fall der „Verpflegung" ist das Konfidenzintervall aber schon an der Grenze zur starken relativen Schwankung und somit bereits relativ breit. Einer Wirkungsprognose hinsichtlich „Verpflegung" sollte im Vergleich zu den beiden anderen Bewertungsitems deshalb etwas kritischer begegnet werden.

Die Beta Koeffizienten für die Beurteilung der relativen Wichtigkeit der unabhängigen Variablen für die Erklärung der abhängigen Variable im gewählten Modellansatz zeigen, dass das Bewertungsitem „Pünktlichkeit" mit einem Wert von 0,486 relativ gesehen das Wichtigste ist, um die Gesamtzufriedenheit zu fördern (vgl. Abb. 4.10). Auch dieser Teil ist nicht Bestandteil der Standardausgabe der Datenanalysefunktion zur Regression, sondern anhand der entsprechenden Formel eigenerstellt. Grundlage ist die Standardabweichung der beobachteten Werte der Gesamtzufriedenheit (=STABW.S(D:D) mit Ergebnis 1,45).

d. a. Für eine übersichtlichere Darstellung der Einträge bei der Anlage der Pivot-Tabellen werden die Merkmale „Berufsgruppe" (Spalte A) und „Hygiene" (Spalte B) in ein gesondertes Tabellenblatt kopiert.

Abb. 4.10 Regressionsanalyse – BETA-Koeffizienten

	Koeffizienten	Standardabweichung	Beta-Koeffizient
Verpflegung	0,181	1,803	0,225
Pünktlichkeit	0,452	1,559	0,486
Hygiene	0,353	1,390	0,338

Zur Berechnung der Kennzahlen kann analog wie bei der Lösung von Teil a) (vgl. Abb. 4.5) vorgegangen werden. Es genügt hier im Bereich „WERTE" die Wertfeldeinstellung „Mittelwert", so dass je Berufsgruppe die Mittelwerte von „Hygiene" berechnet werden.

Um Differenzen zwischen den Gruppenmittelwerten besser aufdecken zu können, bietet sich anschließend eine eigenerstellte Matrix zur Berechnung der Mittelwertdifferenzen je Gruppenpaar an (vgl. Abb. 4.11).

Je Zeile wurde dort der Mittelwert der entsprechenden Berufsgruppe von den Mittelwerten der über die Spalten abgetragenen anderen Berufsgruppen abgezogen. Hier zeigt sich in Einklang mit den Interpretationen aus Teil a), dass die Berufsgruppe 1 (Studierende) die Hygiene im Mittel schlechter bewertet als alle anderen Gruppen. Am größten ist die Differenz mit $-1{,}82$ im Vergleich zur Berufsgruppe 4 (Selbständige). Dieser Sachverhalt wird entsprechend im folgenden Teil hinsichtlich seiner statistischen Signifikanz weiter untersucht.

b. Detaillierte Erläuterungen zur Lösung sind in der zugehörigen Excel-Datei vermerkt. Hier werden nur punktuelle Aspekte gesondert hervorgehoben. Für eine übersichtlichere Darstellung der Einträge beim Aufruf der Datenanalysefunktionen werden die Merkmale „Berufsgruppe" (Spalte A) und „Hygiene" (Spalte B) in ein gesondertes Tabellenblatt kopiert.

Die Pivot-Tabelle zur Berechnung von Mittelwerten und Standardabweichungen, auf die zur Durchführung des Tests zurückgegriffen werden muss, ist in Tabellenblatt d–a) enthalten. Dort wurden zur Abgrenzung der Fragestellung aus Teil d–a) zwei gesonderte Tabellen (Kopien) angelegt. Alternativ wäre natürlich ein Vorgehen wie in Teil a) (vgl. Abb. 4.5) möglich.

Die Hochrechnung der Grundgesamtheiten der beiden Gruppen wird benötigt, um zu prüfen, ob die Anwendungsvoraussetzungen $n_1/N_1 < 0{,}05$ und $n_2/N_2 < 0{,}05$ des Tests erfüllt sind. Hier werden zunächst mit der Funktion ZÄHLENWENNS die Anzahl der Bewertungen in der Berufsgruppe 1 (Studierende) mit $n_1 = 15$ und in der Berufsgruppe 2 (Arbeiter/Angestellte) mit $n_2 = 41$ ermittelt. Die Hochrechnung für die Werte N_1 und N_2 der jeweiligen Grundgesamtheiten geht dann davon aus, dass man bei täglich 70 Fahrten mit im Durchschnitt 35 Reisenden pro Fahrt mit einer täglichen Reisendenanzahl von $70 \cdot 35 = 2450$ rechnen kann. Die Anteile der beiden Berufsgruppen in der Gesamtstichprobe von $n = 121$ (12,4 % für Studieren-

Paarvergleiche zu Mittelwert von Hygiene

Berufsgruppe	1	2	3	4
1	0,00	-1,61	-1,30	-1,82
2	1,61	0,00	0,31	-0,21
3	1,30	-0,31	0,00	-0,52
4	1,82	0,21	0,52	0,00

Abb. 4.11 Berufsgruppen-Paarvergleiche für die Mittelwerte von Hygiene

4.3 Hinweise und Lösung

de und 33,88 % für Arbeiter/Angestellte) werden dann auf den Gesamtwert 2450 bezogen und ergeben $N_1 = 303$ und $N_2 = 830$. In beiden Gruppen ergibt sich damit ein Anteilswert von kleiner als 5 % bezogen auf die jeweils (hochgerechnete) Grundgesamtheit.

Die Voraussetzung, dass das Merkmal „Hygiene" in der Berufsgruppe 2 (Arbeiter/Angestellte) normalverteilt ist, kann wegen $n_2 = 41$ über den Zentralen Grenzwertsatz (vgl. Bleymüller und Weißbach 2015, S. 137 f. sowie Pulham 2011, S. 151 ff.) als gegeben angesehen werden. Für die Berufsgruppe 2 kann dies wegen der zu geringen Stichprobengröße von $n_1 = 15$ nicht analog argumentiert werden. Der in Abschn. 2.1.1 dazu zugrunde gelegte Anpassungstest kann hier wegen Nichterfüllung der dortigen Anwendungsvoraussetzungen nicht durchgeführt werden. Gemäß Aufgabenstellung dürfen wir aber von einer Normalverteilung des Merkmals in der Gruppe der Studierenden ausgehen.

Im letzten Auswahlschritt für den durchzuführenden Test ist zu prüfen, ob die Varianzen des Merkmals „Hygiene" in den beiden Gruppen als gleich angenommen werden können. Dazu kann zunächst auf die Schätzwerte aus Teil d–a) zurückgegriffen werden. Diese sind mit 1,14 in der Berufsgruppe 1 und 1,34 in der Berufsgruppe 2 zwar nicht identisch, aber auch nicht sonderlich verschieden. Rein anhand dieser Werte läge, wenn man sich denn auf dieser Grundlage entscheiden müsste, eher eine Tendenz zur Gleichheit der Varianzen vor. Dies lässt sich aber auch mit einem statistischen Zwei-Stichproben-Test auf die Gleichheit von Varianzen (vgl. Abschn. 2.1.2) überprüfen. Die hierfür benötigten Anwendungsvoraussetzungen sind durch die vorangegangenen Prüfungen bereits erfüllt. Die Nullhypothese geht von einer Gleichheit der Varianzen in den beiden Gruppen aus und könnte hier nur mit einer Irrtumswahrscheinlichkeit von über 77 % abgelehnt werden! Die oben erwähnte Tendenz wird hiermit also fundiert gestützt. In der konkreten Vorgehensweise wurde der Prüfgrößenwert mit dem unteren und oberen Quantilswert der F-Verteilung, die für das Kriterium zur Ablehnung der Nullhypothese herangezogen werden müssen, bei vorgegebener Irrtumswahrscheinlichkeit von 5 % verglichen. Hieraus kann man ableiten, dass wenn überhaupt, die Prüfgröße am ehesten noch den unteren Quantilswert unterschreiten könnte. Somit genügt es zur Berechnung von SIG. den Wert der Verteilungsfunktion der F-Verteilung an der Stelle des Prüfgrößenwertes (0,85) auszuwerten. Da man bei zweiseitigen Tests die Endflächen aber auf beiden Seiten der Verteilung betrachten muss, ist der Wert der Verteilungsfunktion noch mit 2 zu multiplizieren.

Damit sind insgesamt die Anwendungsvoraussetzungen für die Durchführung des Zwei-Stichproben-t-Tests für den Vergleich von Erwartungswerten erfüllt, wobei im vorliegenden Fall in der Nullhypothese die Gleichheit der Erwartungswerte in den beiden fokussierten Berufsgruppen postuliert wird.

Zur Ablehnung der Nullhypothese müsste der Prüfgrößenwert möglichst groß werden. Für die Berechnung von SIG. wird entsprechend die Wahrscheinlichkeit berechnet, dass die zugrunde liegende t-Verteilung den Prüfgrößenwert (4,29) oder einen noch größeren Wert annimmt. Die entsprechende Endfläche der Verteilung, die gleichzeitig beim zweiseitigen Test auch die auf der anderen Seite zu betrachtende Endfläche berücksichtigt, kann in Excel direkt mit der Funktion T.VERT.2S unter Angabe des Prüfgrößenwertes als erstem Argument berechnet werden (vgl. Abschn. 2.2.4). Eine nachfolgende Multiplikation mit 2 ist damit nicht mehr nötig. Hier ist das Risiko für das fälschliche Verwerfen der Mittelwertgleichheit in den beiden Berufsgruppen und den Schluss, dass sich die Mittelwerte der Bewertung der Hygiene in den beiden Gruppen signifikant unterscheiden, nur 0,0075 % hoch. Das heißt die Bewertung des Merkmals „Hygiene" durch Studierende unterscheidet sich signifikant von der Bewertung durch Arbeiter/Angestellte.

e. Als Grundlage werden die Merkmale „Berufsgruppe" (Spalte A) und „Kundentyp" (Spalte B) aus dem Tabellenblatt „Rohdaten" in ein gesondertes Tabellenblatt kopiert. Anschließend erfolgt die Anlage einer Pivot-Tabelle zur Erstellung der zweidimensionalen Häufigkeitsverteilung von „Berufsgruppe" und „Kundentyp" mit den Einstellungen gemäß Abb. 4.12.

Die bei Unabhängigkeit der Merkmale erwarteten absoluten Häufigkeiten werden anschließend mit selbsterstellten Formeln in einer analog strukturierten zweidimensionalen Häufigkeitstabelle von „Berufsgruppe" und „Kundentyp" berechnet. Hier sollen für die nachfolgende Testdurchführung alle Zellen Werte ≥ 5 aufweisen (vgl. z. B. Bleymüller und Weißbach 2015, S. 163; Kronthaler 2016, S. 197). Dies ist im vorliegenden Fall erfüllt.

Die Summanden der Chi-Quadrat-Größe, deren Summation sowie die Berechnung des korrigierten Kontingenzkoeffizienten erfolgen entsprechend der Berechnungsformeln (vgl. Abschn. 2.2.6) mit selbsterstellten Excel-Formeln.

Das Ergebnis von $K^* = 0{,}7349$ zeigt durchaus einen starken Zusammenhang zwischen „Berufsgruppe" und „Kundentyp". Das heißt, man kann davon ausgehen, dass sich ein bestimmter Kundentyp vorrangig aus bestimmten Berufsgruppen zusammensetzt. Das berechnete Signifikanzniveau SIG. für die Ablehnung der Nullhypothese ($K^* = 0$), ist faktisch gleich 0. SIG. von $1{,}04 \cdot 10^{-9}$ entspricht der Wahrscheinlichkeit dafür, dass für die unterstellte Verteilung in der Prüfgröße der aus den Stichprobendaten erhaltene χ^2-Wert 44,7542 (oder ein noch größerer Wert) auftritt. Dies wird entsprechend über

Abb. 4.12 Einstellungen für zweidimensionale Häufigkeitsverteilung mit Genre und Auslastungsklasse

die Funktion CHIQU.VERT.RE berechnet. Der Zusammenhang zwischen den beiden Merkmalen ist somit statistisch signifikant.

Um nun im Detail herauszufinden, welche Berufsgruppe anteilsmäßig bei welchem Kundentyp den Schwerpunkt ausmacht, und um hieraus dann Handlungsempfehlungen für die Kommunikationspolitik abzuleiten, sind die relativen bedingten Häufigkeitsverteilungen zu analysieren. Abb. 4.13 zeigt die bedingten relativen Verteilungen des Merkmals „Berufsgruppe" unter der Bedingung, dass das Merkmal „Kundentyp" mit einer Ausprägung fest vorgegeben ist (in Pivottabelle Auswahl „% des Spaltengesamtergebnisses" in „Werte anzeigen als").

Die entsprechenden Verteilungen von „Berufsgruppe" sind über die Spalten ablesbar. Wären die beiden Merkmale unabhängig voneinander, müssten die Zeilenwerte inklusive des Wertes für die relative Randhäufigkeit („Rel. Randhfkt.") zumindest annähernd gleich sein. Für die Berufsgruppen 1 (Studierende) und 3 (Beamte) zeigen sich keine exorbitanten Unterschiede. Bei den Berufsgruppen 2 (Arbeiter/Angestellte) und 4 (Selbständige) sind die Unterschiede aber deutlicher.

So weisen die Selbständigen in der Stichprobe ingesamt einen Anteil von 37 % auf, aber sie machen einen Anteil von 59 % aus, wenn man nur Datensätze des Kundentyp A (Erstkunden) betrachtet. Das heißt 59 % der Erstkunden sind Selbständige und machen so einen überproportionalen Anteil unter den Erstkunden aus. Die Marketingmaßnahmen sollten also beispielsweise aktuell an einer Initiative zur Neukundenbindung bei Selbständigen ansetzen, mit dem Ziel diese Kunden und deren Bedürfnisse besonders anzusprechen, um sie idealerweise zu (zahlungskräftigen) Stammkunden zu machen.

Andererseits ist das Segment der Wiederholungskunden überproportional (mit 56 %) durch die Berufsgruppe der Arbeiter/Angestellten belegt. Auch hier könnten entsprechende Marketingmaßnahmen (Vielfahrerrabatte o. ä.) dafür sorgen, dass diese Berufsgruppe als Stammkundschaft erhalten bleibt.

In der Übersicht lässt sich generell auch nochmals ablesen, dass die Kundengruppen „Studierende" und „Renter" in der Gesamtstichprobe unterdurchschnittlich vertreten sind. Wenn man die Repräsentativität der Stichprobe voraussetzt, und man die Nachfrage in diesen Kundengruppen ankurbeln möchte, wären weitere Detailanalysen (z. B. Mittelwertvergleiche, Regressionsanalysen) hilfreich, um zu analysieren, welche Items für diese Berufsgruppen wichtig sind und ob es dort ggf. Verbesserungsbedarf bzw. -möglichkeiten gibt.

Abb. 4.13 Bedingte relative Verteilungen von „Berufsgruppe"

Berufsgruppe	Kundentyp A	B	Rel. Randhfkt.
1	0,05	0,19	0,12
2	0,10	0,56	0,34
3	0,25	0,08	0,17
4	0,59	0,16	0,37

Abb. 4.14 Bedingte relative
Verteilungen von „Kundentyp"

Berufsgruppe	Kundentyp	
	A	B
1	0,20	0,80
2	0,15	0,85
3	0,75	0,25
4	0,78	0,22
Rel. Randhfkt.	0,49	0,51

Die bisherigen Ergebnisse können durch einen Perspektivwechsel auf die bedingten relativen Verteilungen des Merkmals „Kundentyp", unter der Bedingung, dass das Merkmal „Berufsgruppe" mit einer Ausprägung fest vorgegeben ist, weiter fundiert werden (vgl. Abb. 4.14; in Pivottabelle Auswahl „% des Zeilengesamtergebnisses" in „Werte anzeigen als").

So sind der Großteil der Studierenden (80 %) und Arbeiter/Angestellte (85 %) Wiederholungskunden, und der Großteil der Beamten (75 %) und Selbständigen (78 %) Erstkunden.

f. Detaillierte Erläuterungen zur Lösung sind in der zugehörigen Excel-Datei vermerkt. Hier werden nur punktuelle Aspekte gesondert hervorgehoben. Für eine übersichtlichere Darstellung der Einträge in den selbsterstellten Formeln wird das Merkmal „Pünktlichkeit" (Spalte A) in ein gesondertes Tabellenblatt kopiert.

Zum fokussierten Merkmal (Bewertung der) „Pünktlichkeit" ist vorab keine Verteilungsannahme gegeben. Insofern könnte ein Test auf Normalverteilung und bei Nichtverwerfen der Normalverteilungsannahme bei hier unbekannter Varianz ein Einstichproben-t-Test für den Erwartungswert durchgeführt werden. Da hier aber alle Datensätze der Stichprobe ($n = 121$) berücksichtigt werden sollen, sind die Anwendungsvoraussetzungen des Zentralen Grenzwertsatzes und somit des Approximativen Einstichproben-Tests für den Erwartungswert bei unbekannter Varianz erfüllt, und die zugehörige Prüfgröße folgt der Standardnormalverteilung.

Eine Verbesserung der durchschnittlichen Bewertung der Pünktlichkeit müsste sich in einem höheren Durchschnitt des zugehörigen Punktwertes niederschlagen. Die Alternativhypothese postuliert mithin, dass sich der wahre Parameter für den Erwartungswert in der Grundgesamtheit im Vergleich zum bisher als wahr unterstelltem Wert von 5,4 vergrößert hat.

Um den Wert von SIG. als Risiko für die fälschliche Ablehnung der Nullhypothese zu bestimmen, genügt es, die Wahrscheinlichkeit dafür zu berechnen, dass in der Prüfgröße der aus den Stichprobendaten erhaltene Wert 5,79 (oder ein noch größerer Wert) auftritt. Das heißt der Fokus liegt rein auf der rechten Endfläche der Standardnormalverteilung. Die Berechnung von SIG. erfolgt somit über 1 − NORM.S.VERT(5,79; 1); vgl. Abschn. 2.2.4.

Literatur

Backhaus K, Erichson B, Plinke W, Weiber R (2015) Multivariate Analysemethoden, 14. Aufl. Springer Gabler, Heidelberg Berlin

Bleymüller J, Weißbach R (2015) Statistik für Wirtschaftswissenschaftler, 17. Aufl. Vahlen, München

Kronthaler F (2016) Statistik angewandt, 1. Aufl. Springer, Berlin Heidelberg

Pulham S (2011) Statistik leicht gemacht. Gabler, Wiesbaden

Fallstudie Call-Center 5

5.1 Beschreibung der Ausgangslage

Sie beraten ein Call-Center, welches im 3-Schicht-Betrieb rund um die Uhr Servicedienstleistungen für diverse Unternehmen aus dem Mobilfunkumfeld anbietet. Jeder Anruf wird vom jeweiligen Auftraggeber entsprechend vergütet. Zu Analysezwecken haben Sie die Umsatzzahlen in € aus den letzten 60 Wochen erhalten.

In jedem der Datensätze sind folgende Daten enthalten:

- Laufende Nummer (Spalte A): Eindeutige interne Nummer
- KW (Spalte B): Kalenderwochenangabe
- Schicht (Spalte C): Schichtbezeichnung in den Ausprägungen:
  - F (Frühschicht)
  - S (Spätschicht)
  - N (Nachtschicht)
- Anzahl Agenten (Spalte D): Im Durchschnitt pro Schicht anwesende Call-Center-Agenten in der jeweiligen KW.
- Anzahl Telefonate (Spalte E): Anzahl durchgeführter Telefonate in der jeweiligen Schicht und Woche.
- Wochen-Umsatz in € (Spalte F): Gesamtumsatz in der jeweiligen Schicht und Woche.
- Reklamation (Spalte G): Es wird hiermit festgehalten, ob es für Call-Center-Leistungen aus einer KW und der entsprechenden Schicht eine formelle Reklamation durch einen der Anfragenden gab, oder nicht. Festgehalten wird nur das prinzipielle Auftreten solcher Reklamationen. Die konkrete Anzahl von Reklamationen liegt Ihnen nicht vor. Die Ausprägungen sind im Detail:
  - 1 (Ja): Im Nachgang zum Call gab es eine Reklamation durch den Anfragenden.
  - 2 (Nein): Im Nachgang zum Call gab es **keine** Reklamation durch den Anfragenden.

5.2 Fragestellungen

a. Zunächst möchten Sie untersuchen, ob es in den jeweiligen Schichten im Durchschnitt Unterschiede in den Wochenumsätzen gibt. Falls dies so ist, möchten Sie anschließend prüfen, ob sich dieser Sachverhalt auch auf die eingesetzte Anzahl von Call-Center-Agenten übertragen lässt, um hier ggf. vorhandene Personaleinsparpotenziale aufzudecken.

b. Es ist Ihnen bewusst, dass die Kennzahlenbetrachtung über den gesamten verfügbaren Zeitraum nur einen ersten Eindruck vermitteln kann. Entsprechend möchten Sie die Umsatzzahlen im Zeitverlauf im Detail betrachten und analysieren, welche zentrale Tendenz sich für die Umsatzzahlen abzeichnet.

c. Um Ihrem Auftraggeber die Situation weiter zu verdeutlichen, möchten Sie ihm eine Umsatzprognose für die vierte Woche, die dem letzten bekannten Datenpunkt folgt, mit einem möglichst einfachen funktionsbasierten Ansatz vorlegen. Aufgrund Ihrer Erfahrung und den Erkenntnissen aus Teil b) ist Ihnen bewusst, dass das Mobilfunkumfeld sehr schnelllebig ist, und Durchschnittsbetrachtungen über den gesamten Zeitraum aktuelle Entwicklungen nicht hinreichend genau berücksichtigen können.

d. Die Güte Ihrer Prognosen, die für den Trend aus einem einfachen funktionsbasierten Ansatz resultieren, möchten Sie anhand von Vergangenheitsdaten unter Beweis stellen. Dazu erstellen Sie auf Grundlage der Daten bis einschließlich der KW 10 Proforma-Prognosen für die drei folgenden KW und vergleichen Ihre Ergebnisse mit den ja eigentlich bekannten Umsatzwerten dieser KWs.

e. Innerhalb der KW 4 wurde von Ihnen im hier betrachteten und in einem identisch-strukturierten Center an einem anderen Standort (für welches Ihnen momentan aber noch keine Zahlen vorliegen) eine Kommunikationsschulung aller Mitarbeiter durchgeführt. Bis dahin waren zu den Leistungen von etwa 40 % der Schichten formelle Reklamationen der Anfragenden im Nachgang eingegangen. Die Angaben gelten übergreifend für beide Call-Center des Betreibers.
Sie möchten dem Betreiber die Wirksamkeit Ihrer Maßnahme nachweisen. Reklamationen und der Bezug zu einer Schicht waren in der Vergangenheit immer bis 3 Wochen nach der Schicht eingegangen. Können Sie dem Betreiber ruhigen Gewissens mitteilen, dass der Prozentsatz der Reklamationen nachhaltig geringer wurde?

5.3 Hinweise und Lösung

5.3.1 Tangierte Themengebiete

- Maßzahlen für eindimensionale Verteilungen
- Zeitreihen
- Statistische Parametertests

5.3.2 Lösungsfördernde Strukturfragen

a. Welche Merkmale sind relevant?
   Welche Skalenniveaus weisen die Merkmale auf?
   Welche Kennzahlen kommen infrage?
   Müssen Sie die eine Kennzahl nach einem anderen Merkmal (Kriterium) differenzieren?
b. Welches Merkmal ist relevant?
   Welches Skalenniveau weist das Merkmal auf?
   Welche Diagramme kommen infrage?
   Wie können Sie die zentrale Tendenz einer zeitabhängigen Größe identifizieren? Worauf müssen Sie bei der entsprechenden Darstellung durch eine Funktion achten?
   Welche Elemente von zeitabhängigen Größen müssen Sie zusätzlich betrachten?
c. Mit welcher Prognosetechnik können Sie nicht nur den nächsten Zeitpunkt prognostizieren, sondern auch weitere zukünftige Zeitpunkte adäquat berücksichtigen?
   Wie kann es gelingen, veraltete Tendenzen auszublenden?
   Wie erstellen Sie die Prognose des Umsatzwertes?
d. Mit welcher Prognosetechnik können Sie nicht nur den nächsten Zeitpunkt prognostizieren, sondern auch weitere zukünftige Zeitpunkte adäquat berücksichtigen?
   Wie lässt sich die Güte eines Prognoseverfahrens bewerten?
e. Welches Merkmal wird fokussiert?
   Genügt die Berechnung einer einzelnen Kennzahl zur Beantwortung der Fragen?
   Handelt es sich um einen statistischen Test? Wenn ja:
   - Liegen eine oder zwei Stichproben zugrunde?
   - Auf welche Parameter geht der statistische Test?
   Welche Verteilungsannahmen können Sie anhand der Gegebenheiten treffen, welche müssen Sie ggf. explizit überprüfen?

5.3.3 Benötigte statistische Methoden

a. Umsatz-Mittelwertberechnung je Schicht.
   Mittelwertberechnung für die Anzahl Call-Center-Agenten je Schicht.
   Sachlicher Vergleich
b. Zeitreihendarstellung
   Trendberechnung (z. B. mit Trendfunktion oder einseitigen gleitenden Durchschnitten oder exponentiellem Glätten)
   Analyse saisonaler Schwankungen
c. Trendberechnung mit Regressionsfunktion mit geeigneter Abgrenzung des zugrunde liegenden Zeitraums. Schätzen des künftigen Trendwertes.
   Schätzen des saisonalen Einflusses für den zu prognostizierenden Zeitpunkt.
   Verknüpfung der Prognosewerte zur Gesamtprognose für den Umsatz

d. Trendberechnung mit Regressionsfunktion mit geeigneter Abgrenzung des zugrunde liegenden Zeitraums. Schätzen des künftigen Trendwertes.
Schätzen des saisonalen Einflusses für den zu prognostizierenden Zeitpunkt.
Verknüpfung der Prognosewerte zur Gesamtprognose für den Umsatz
Performance Measurement
e. Ein-Stichprobentest für den Anteilswert in Approximation der Prüfgröße durch die Normalverteilung.
Alternative (ohne Approximation): Testdurchführung mit der Hypergeometrischen Verteilung für den Anteilswert und vorab-Festlegung des Signifikanzniveaus (vgl. Meißner und Wendler 2015, S. 342 ff.).

5.3.4 Umsetzung in Excel

a. Pivot-Tabelle für Mittelwerte von „Wochenumsatz" und „Anzahl Agenten" differenziert nach „Schicht".
b. Liniendiagramm für das Merkmal „Wochenumsatz"
Trendlinie mit Hilfe der Diagrammeigenschaften
Berechnung saisonaler Schwankungen und Aggregation für den Saisoneinfluss je Unterperiode über eigenerstellte Formeln
c. Datenanalyse – Regression
Eigenerstellte Formeln
d. Datenanalyse – Regression
Eigenerstellte Formeln
e. Im Wesentlichen müssen die Berechnungen durch eigenerstellte Formeln in Excel durchgeführt werden.
In diesen Formeln oder zur Berechnung von Teilergebnissen kann auf folgende Excel-Funktionen zurückgegriffen werden:
ANZAHL2, um die Anzahl der Elemente in der Stichprobe zu bestimmen. Alternative: Pivot-Tabelle.
ZÄHLENWENNS, um den Anteil der Elemente in der Stichprobe mit Vorliegen einer Reklamation zu bestimmen. Alternative: Pivot-Tabelle.
NORM.S.VERT, NORM.S.INV

5.3.5 Erläuterungen zur Lösung

a. Für die Anlage der Pivot-Tabelle werden die Merkmale „Wochenumsatz" (Spalte A), „Schicht" (Spalte B), „Anzahl Agenten" (Spalte C) und „Anzahl Telefonate" (Spalte D) aus dem Tabellenblatt „Rohdaten" in ein gesondertes Tabellenblatt kopiert und die entsprechenden Spalten im Dialog „PivotTable erstellen" im Bereich „Tabelle oder Bereich auswählen" eingetragen (vgl. Abschn. 2.2.1).

5.3 Hinweise und Lösung

			Schicht	Mittelwert von Wochen-Umsatz in €	Mittelwert von Anzahl Agenten	Mittelwert von Anzahl Telefonate
FILTER		SPALTEN Σ Werte	F	53127,00	38,45	3886,45
			N	34605,40	40,60	4110,90
ZEILEN		Σ WERTE	S	44504,00	41,60	4051,70
Schicht		Mittelwert von Wochen-Umsatz ...	Gesamt	44078,80	40,22	4016,35
		Mittelwert von Anzahl Agenten				
		Mittelwert von Anzahl Telefonate				

Abb. 5.1 Einstellung Pivot-Tabelle zu den Mittelwertbestimmungen

Abb. 5.1 zeigt die konkreten Einstellungen für die Pivot-Tabelle und das Ergebnis zur Bestimmung der verschiedenen Durchschnittswerte je Schicht.

Die durchschnittlichen Umsatzwerte der Schichten unterscheiden sich deutlich. Im Gegensatz dazu sind zu jeder Schicht in etwa gleich viele Agenten beschäftigt. In der Frühschicht (mit dem größten durchschnittlichen Umsatz) sogar die wenigsten Agenten. Es wäre zu überlegen, ob die Spät- und die Nachtschicht nicht auch mit weniger Personal auskäme (Als optionale Ergänzung könnten Sie hier noch die entsprechenden Standardabweichungen berechnen, um die Schärfe der Aussage durch den Mittelwert zu überprüfen). Um diese Überlegung zu festigen, sollte auch das Merkmal „Anzahl Telefonate" in die Untersuchung einbezogen werden. Die durchschnittliche Anzahl von Telefonaten ist in der Nachtschicht sogar am höchsten und in der Spätschicht immer noch höher als in der Frühschicht. Eine Personaleinsparung, die nach dem ersten Analyseschritt als denkbar erschien, ist also eher nicht gerechtfertigt.

Im Weiteren könnte aber hinterfragt werden, warum die Telefonate insbesondere in der Nacht „geringwertiger" sind. Mit dem vorhandenen Datenmaterial lässt sich dazu keine Aussage machen, sondern nur spekulieren. Es könnte im Weiteren zumindest überprüft werden, ob in der Nacht hauptsächlich Standardprobleme auftreten, die auch von geringer qualifiziertem Personal gelöst werden können. Ebenso könnte hinterfragt werden, ob es in der Nacht zu irrelevanten Calls kommt, die nicht, oder nur mit geringem Betrag in Rechnung gestellt werden können.

b. Für eine übersichtlichere Darstellung der Einträge in den nachfolgend zu erstellenden Formeln werden die Merkmale „KW" (Spalte A), „Schicht" (Spalte B) und „Wochenumsatz" (Spalte C) aus dem Tabellenblatt „Rohdaten" in ein gesondertes Tabellenblatt kopiert.

Abb. 5.2 zeigt die konkreten Einstellungen für das Liniendiagramm und Abb. 5.3 das entsprechende Ergebnis.

Zur Identifikation der zentralen Tendenz der Zeitreihe bietet sich die Nutzung von Trendlinien an. In Abb. 5.3 wurden sukzessive 3 Varianten eingestellt: linear, einseitiger gleitender Durchschnitt über 9 Zeitpunkte, polynomisch mit Grad 4.

Ziel einer Trendlinie ist es, die Schwankungen aus einer Zeitreihe zu eliminieren und die zentrale Tendenz der Zeitreihe aufzuzeigen.

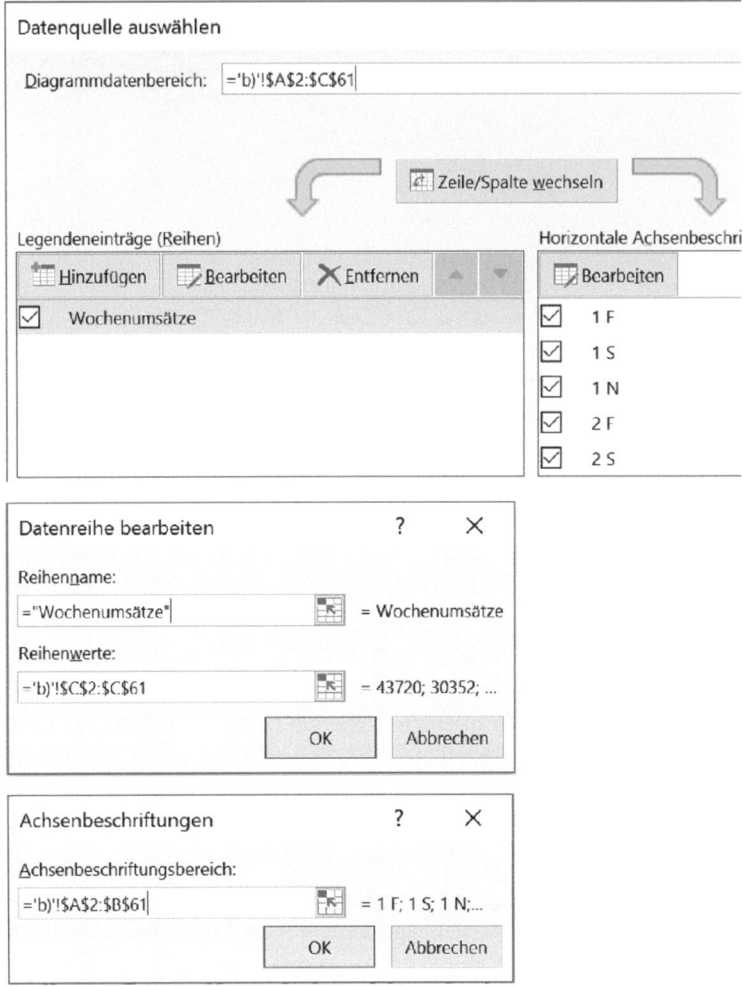

Abb. 5.2 Einstellungen für das Liniendiagramm zum Verlauf der Wochenumsätze je Schicht

Über den gesamten Zeitraum gesehen gelingt dies im vorliegenden Fall am besten mit dem polynomischen Ansatz.

Beim einseitigen gleitenden Durchschnitt kann der „Zeitraum", d. h. die Anzahl der in den Mittelwert einfließenden Unterperioden eingestellt werden. Zum einen ist dabei darauf zu achten, dass die Trenlinie möglichst „glatt" wird, d. h. die saisonalen (periodischen) Schwankungen nicht mehr reproduziert werden. Aus diesem Grund ist hier die Darstellung mit 9 Zeitpunkten illustriert. Je größer der Wert gewählt wird, umso eher wird die Trendlinie aber von nicht mehr relevanten Entwicklungen der Vergangenheit beeinflusst. Dies führt hier dazu, dass die Trendlinie ab KW 14 eigentlich ein zu hohes Niveau aufweist. Ausgehend von dieser Darstellung sollte der kleinste

5.3 Hinweise und Lösung

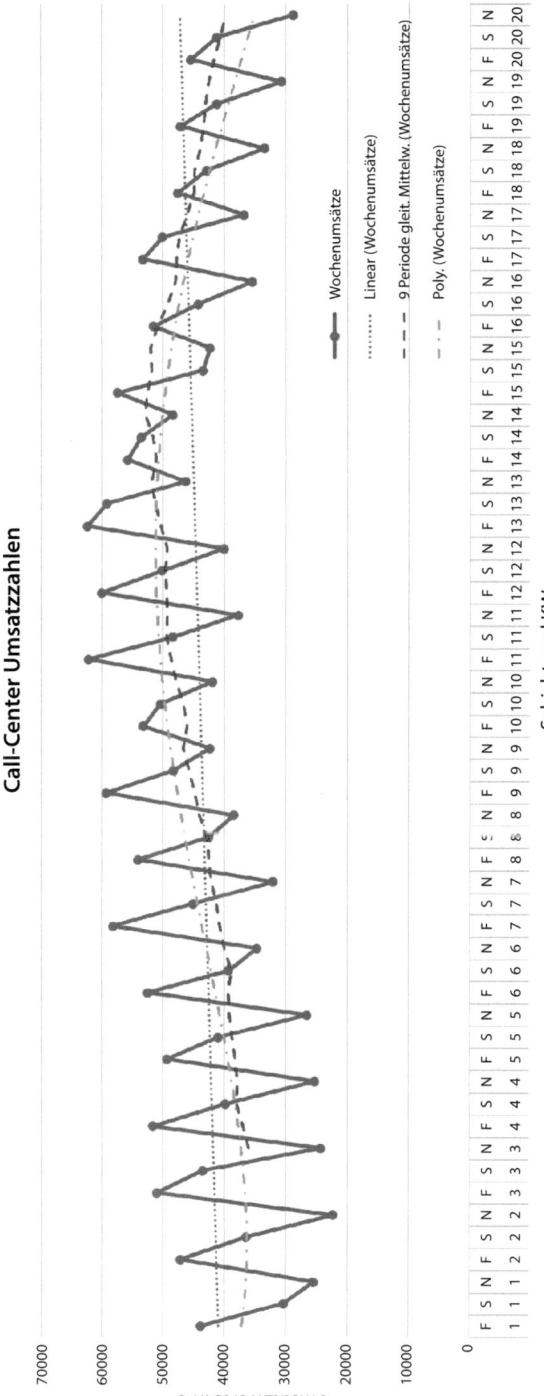

Abb. 5.3 Liniendiagramm zum Verlauf der Wochenumsätze je Schicht

Teiler ohne Rest betrachtet werden und inbesondere sachlogische Überlegungen hinzugenommen werden. Bereits aus der Analyse der Mittelwerte hat sich ergeben, dass sich Schwankungen durch die jeweiligen Schichten ergeben. Von daher wäre hier ein „Zeitraum" von 3 inhaltlich sinnvoll.

Der lineare Ansatz liefert hier das offensichtlich schlechteste Ergebnis. Oft stellt er aber durch die leichte Verständlichkeit der Funktion eine gute Kommunikationsbasis für die zentrale Tendenz dar. Dabei sollte aber eine sinnvolle zeitliche Abgrenzung gewählt werden, d. h. auf Zeiträume mit stabilen Tendenzen abgestellt werden. Eine gesonderte Analyse mit den Daten ab KW 14 würde hier, wie in Abb. 5.4 dargestellt, ein sehr gut nachvollziehbares Ergebnis realisieren.

Hinweise:
- Bei der Nutzung eines funktionalen Zusammenhangs ist generell zu beachten, dass das optional einblendbare Bestimmtheitsmaß hier keine Relevanz besitzt, weil die ursprüngliche Punktewolke nicht bestmöglich reproduziert werden soll, sondern in Elimination der Schwankungen die zentrale Tendenz der Zeitreihe aufgedeckt werden soll.
- Bei Schätzung der Funktion über z. B. die Datenanalysefunktion ist darauf zu achten, die eindeutige „laufende Nummer" als unabhängige Variable zu verwenden.

Berechnung saisonaler Schwankungen und Aggregation für den Saisoneinfluss je Unterperiode:
- Prinzipiell wird der periodische Einfluss je Zeitpunkt als Differenz zwischen Zeitreihenwert und Trend (additives Modell) oder als Quotient dieser beiden Größen (multiplikatives Modell) berechnet. Im vorliegenden Fall darf das additive Modell herangezogen werden (mit konstanter Periodenlänge und konstanten Einflüssen je Unterperiode; vgl. Werte in Spalte E), da sich aus dem Liniendiagramm nicht begründen lässt, dass die Schankungen auf höherem Niveau der Zeitreihe gegenüber den Passagen auf niedrigerem Niveau stärker ausfallen.
- In Excel müssen dazu zunächst die Werte des Trends explizit berechnet werden, da sie aus der grafischen Darstellung nicht übernommen werden können. In der Lösungsdatei wird dies mit einem „Zeitraum" („Ordnung") von 3 umgesetzt („Trend" in Spalte D).
- Die Aggregation der Schwankungen (datensatzbezogen in Spalte E berechnet) je Unterperiode (hier F, S, N) sollte statt eines Mittelwertes über den kompletten zur Verfügung stehenden Zeitraum wiederum jeweils mit einem einseitigen gleitenden Durchschnitt der Ordnung 3 realisert werden („Saisonwerte (1seit. gl. Durch.)" in Spalte F). Relevant für weitere Analysen bzw. Prognosen sind hier dann die letzten 3 berechneten Werte (d. h. hier berechnet für KW 20). Die Aufschläge (positives Vorzeichen) bzw. Abschläge (negatives Vorzeichen) lauten je Unterperiode:
  - F: 5047,22
  - S: 1026,67
  - N: −8854,89

5.3 Hinweise und Lösung

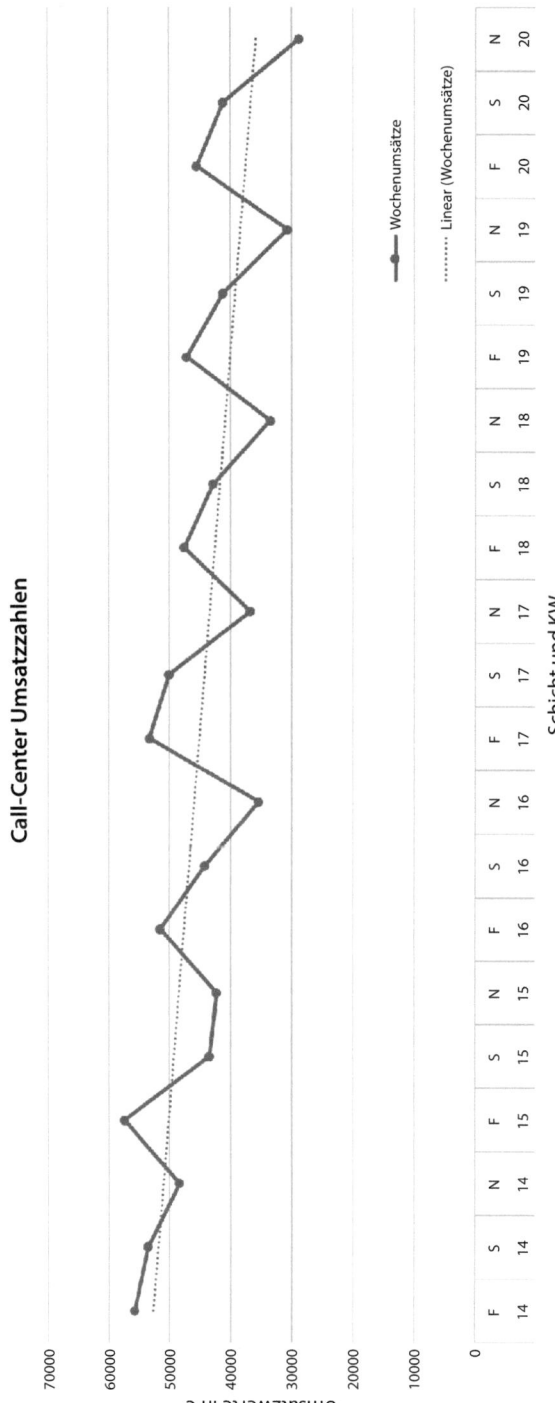

Abb. 5.4 Liniendiagramm ab KW 14 zum Verlauf der Wochenumsätze je Schicht

c. Für eine übersichtlichere Darstellung der Einträge in den nachfolgend zu erstellenden Formeln werden die Merkmale „Lfd. Nr." (Spalte A), „KW" (Spalte B), „Schicht" (Spalte C) und „Wochenumsatz" (Spalte D) aus dem Tabellenblatt „Rohdaten" in ein gesondertes Tabellenblatt kopiert. Dabei wird entsprechend der Erkenntnisse aus Teil b) der Zeitraum so abgegrenzt, dass nur Werte ab KW 14 in Betracht gezogen werden.

Zunächst wird dann aus den bekannten Wochenumsatzwerten von KW 14 bis KW 20 eine Trendfunktion mittels Regressionsanalyse berechnet. Über Daten – Datenanalyse – Regression werden die Umsatzwerte (Spalte D) im „Y-Eingabebereich" und die „Lfd. Nr." (Spalte A) im „X-Eingabebereich" eingetragen. Die resultierende Regressionsfunktion, die dann die Trendfunktion darstellt, lautet bei Bezeichnung der unabhängigen Variable „Lfd. Nr." mit x, wie folgt: $f(x) = 86.585{,}61 - 846{,}61x$

Damit werden durch Einsetzen der entsprechenden Werte für „Lfd. Nr." die Trendwerte für KW 14 bis KW 20 berechnet und in Spalte E („Trend") eingetragen.

Die saisonalen Schwankungen werden datensatzbezogen analog zu Teil b) im additiven Modell durch die Differenz von Trend und Zeitreihenwert (also „Wochenumsatz") berechnet und in Spalte F („Schwankung") eingetragen.

Die Aggregation der Schwankungen je Unterperiode (hier F, S, N) erfolgt analog zu Teil b), nur eben auf Basis anders generierter Trendwerte, mit dem einseitigen gleitenden Durchschnitt der Ordnung 3 („Saisonwerte (1seit. gl. Durch.)" in Spalte G). Relevant für etwaige Prognosen sind dann wieder die letzten 3 berechneten Werte (d. h. hier berechnet für KW 20). Die Aufschläge (positives Vorzeichen) bzw. Abschläge (negatives Vorzeichen) lauten je Unterperiode:

- F: 6652,41
- S: 2486,35
- N: −7443,04

Der letzte anhand der Beobachtungen vorliegende Datensatz weist den Wert 60 bei „Lfd. Nr." auf.

Für die Trendprognose sind dann die Werte für „Lfd. Nr." zu bestimmen, die der vierten Woche nach diesem letzten bekannten Datenpunkt entsprechen. Es handelt sich um die KW 24 mit den Werten 70–72 für „Lfd. Nr.". Diese Werte werden dann sukzessive in die Regressionsfunktion eingesetzt und damit die Trendprognosewerte bestimmt. Es ergeben sich:

- Lfd Nr. 70: 27.323,16
- Lfd Nr. 71: 26.476,55
- Lfd Nr. 72: 25.629,94

Für die Saisonprognosen je Unterperiode werden die zuletzt für die entsprechende Unterperiode berechneten Saisonwertes übernommen (s. o.). Dies ist begründbar aufgrund der konstanten Saisonstruktur. Eine Alternative für nicht konstante Saisoneinflüsse bestünde in der Berechnung exponentiell geglätteter Werte – differenziert je Unterperiode.

5.3 Hinweise und Lösung

Die Gesamtprognose ergibt sich dann aus der Verknüpfung von Trendprognose und dem letzten Saisonwert der entsprechenden Unterperiode. Für die Lfd. Nr. mit Wert 71 ist dies: 26.476,55 + 2486,35 = 28.962,90.

d. Für eine übersichtlichere Darstellung der Einträge in den nachfolgend zu erstellenden Formeln werden die Merkmale „Lfd. Nr." (Spalte A), „KW" (Spalte B), „Schicht" (Spalte C) und „Wochenumsatz" (Spalte D) aus dem Tabellenblatt „Rohdaten" in ein gesondertes Tabellenblatt kopiert.

Zunächst wird dann aus den bekannten Wochenumsatzwerten von KW 1 bis KW 10 eine Trendfunktion mittels Regressionsanalyse berechnet. Über Daten – Datenanalyse – Regression werden die Umsatzwerte (Spalte D) im „Y-Eingabebereich" und die „Lfd. Nr." (Spalte A) im „X-Eingabebereich" eingetragen. Die resultierende Regressionsfunktion, die dann die Trendfunktion darstellt, lautet bei Bezeichnung der unabhängigen Variable „Lfd. Nr." mit x, wie folgt: $f(x) = 34.084,08 + 486,98x$

Damit werden durch Einsetzen der entsprechenden Werte für „Lfd. Nr." die Trendwerte für KW 1 bis KW 10 berechnet und in Spalte E („Trend") eingetragen.

Die saisonalen Schwankungen werden datensatzbezogen analog zu Teil c) im additiven Modell durch die Differenz von Trend und Zeitreihenwert (also „Wochenumsatz") berechnet und in Spalte F („Schwankung") eingetragen.

Die Aggregation der Schwankungen je Unterperiode (hier F, S, N) erfolgt analog zu Teil c) mit dem einseitigen gleitenden Durchschnitt der Ordnung 3 („Saisonwerte (1seit. gl. Durch.)" in Spalte G). Relevant für etwaige Prognosen sind dann wieder die letzten 3 berechneten Werte (d. h. hier berechnet für KW 10). Die Aufschläge (positives Vorzeichen) bzw. Abschläge (negatives Vorzeichen) lauten je Unterperiode:

- F: 9234,87
- S: 318,89
- N: −6397,75

Die Trendprognosen werden dann pro forma für „Lfd. Nr." 31–39 durch Einsetzen in die Regressionsfunktion bestimmt. Durch die Vorgabe ist der Zeitraum für einen linearen Ansatz für die Schätzung der Trendfunktion korrekt abgegrenzt.

Für die Saisonprognosen je Unterperiode werden die zuletzt für die entsprechende Unterperiode berechneten Saisonwertes übernommen (s. o.).

Die Gesamtprognose ergibt sich dann aus der Verknüpfung von Trendprognose und dem letzten Saisonwert der entsprechenden Unterperiode. Für die Lfd. Nr. mit Wert 36 ist dies: 51.615,19 − 6397,75 = 45.217,44.

Zuletzt wird ein Performance Measurement auf Grundlage der Kennzahl VKRMSE durchgeführt. Im Soll (realer Umsatzwert) – Ist (Gesamtprognosewert) – Vergleich ergibt sich, dass die Prognosen von den realen Umsatzwerten im betrachteten Zeitraum im Durchschnitt um 7,18 % abweichen. Hier hat man also eine eher geringe durchschnittliche Abweichung der Prognosewerte von den realen Umsatzwerten. Die konkrete Einordnung ist aber immer auch vom Anwendungsfall und subjektiven Einschätzungen abhängig.

e. Detaillierte Erläuterungen zur Lösung sind in der zugehörigen Excel-Datei vermerkt. Hier werden nur punktuelle Aspekte gesondert hervorgehoben. Für eine übersichtlichere Darstellung der Einträge in den selbsterstellten Formeln werden die Merkmale „KW" (Spalte A), „Schicht" (Spalte B) und „Reklamation" (Spalte C) aus dem Tabellenblatt „Rohdaten" in ein gesondertes Tabellenblatt kopiert. Dabei erfolgt dies aber nur für Datensätze ab KW 5, da die Maßnahmen erst ab dann greifen konnten, wenn die Schulungen in KW 4 stattgefunden haben, und nur für Datensätze bis KW 17, da man sich nur für diese Schichten sicher sein kann (3-Wochen-Frist), dass wenn es Reklamationen gab, diese bis jetzt (Ende der KW 20) eingegangen sind.

Für den Gesamtzeitraum bis KW 20 kann man die Werte aus KW 5 bis KW 17 als Zufallsstichprobe auffassen.

Der eigentlich vorliegende Test auf einen Anteilswert wird nach erfolgreicher Prüfung der Approximationskriterien auf einen Standardnormalverteilungstest zurückgeführt. Da aus der Beschreibung der Ausgangslage nicht eindeutig hervorgeht, ob dieselbe Schicht mehrfach in die Stichprobe gelangen konnte, geht man sicherheitshalber davon aus, dass dies nicht der Fall ist (die Kriterienprüfung inkludiert dann auch den anderen Fall). Für die Schätzung der Standardabweichung des Anteilswert muss somit der Korrekturterm berücksichtigt werden (vgl. Bleymüller und Weißbach 2015, S. 93 f.).

Es kann jede Schicht für das Jahr von KW 5 bis KW 20 aus beiden Call-Centern als Grundgesamtheit angenommen werden. Dies entspricht einem N von 96. Zusammen mit einer Stichprobengröße $n = 39$ werden damit die zugehörigen Approximationskriterien erfüllt.

Eine Verbesserung des Anteilswertes der Schichten mit Reklamationen müsste sich entsprechend in einem geringeren Anteilswert niederschlagen. Die Alternativhypothese postuliert mithin, dass sich der wahre Parameter für den Anteilswert in der Grundgesamtheit im Vergleich zum bisher als wahr unterstellten Wert von 0,4 verringert hat.

Um den Wert von SIG. als Risiko für die fälschliche Ablehnung der Nullhypothese zu bestimmen, genügt es, die Wahrscheinlichkeit dafür zu berechnen, dass in der Prüfgröße der aus den Stichprobendaten erhaltene Wert $-1{,}9411$ (oder ein noch kleinerer Wert) auftritt. Das heißt der Fokus liegt rein auf der linken Endfläche der Standardnormalverteilung. Die Berechnung von SIG. erfolgt somit über NORM.S.VERT($-1{,}9411$; 1); vgl. Abschn. 2.2.4.

Als Ergebnis zeigt sich, dass die Wahrscheinlichkeit dafür, den Wert von $-1{,}9411$ (oder einen noch kleineren Wert) bei Gültigkeit von H_0 zu erhalten, gerade einmal 2,612 % beträgt. Sollten Sie dieses Grenzrisiko hinnehmen können, so wird geschlossen, dass H_0 verworfen werden kann, und von einer Verbesserung des Anteilswertes der Größe „Reklamation" durch die Schulungsmaßnahmen ausgegangen werden kann.

Literatur

Bleymüller J, Weißbach R (2015) Statistik für Wirtschaftswissenschaftler, 17. Aufl. Vahlen, München

Meißner J, Wendler T (2015) Statistik Praktikum mit EXCEL, 2. Aufl. Springer, Wiesbaden

Fallstudie Warendisposition Handelsunternehmen 6

6.1 Beschreibung der Ausgangslage

Für die in Größe und Umsatz vergleichbaren 100 Niederlassungen Ihres Handelsunternehmens haben Sie aus dem gerade abgeschlossenen Geschäftsjahr eine Stichprobe handelswochenbezogener Daten für die Bestellmengen Ihres Einkaufs sowie die letztlich realisierten Verkaufszahlen in drei Warengruppen gezogen. Der Einkauf sollte für eine Handelswoche immer möglichst genau die Menge bestellen, die dann auch verkauft wird. Der Vollständigkeit halber sei vermerkt, dass in den Bestellmengen formell die ggf. vorhandenen Restmengen aus der vorangegangenen Handelswoche inkludiert sind. Damit ist in den hier vorliegenden Zahlen eine sinnvolle Basis für den Vergleich von Bestellungen und Verkäufen einer Handelswoche gegeben.

Im Einzelnen sind in jedem der Datensätze die folgenden Fakten enthalten:

- Laufende Nummer (Spalte A): Eindeutige interne Nummer
- Bestellungen (Spalte B): Menge der durch die zentrale Einkaufsabteilung **für** die entsprechende Handelswoche bestellten Einheiten in Stück.
- Verkauf (Spalte C): Menge der **in** der entsprechenden Handelswoche verkauften Einheiten in Stück.
- Differenz (Spalte D): Differenz in Stück zwischen „Bestellungen" und „Verkauf" in derselben Handelswoche.
- Ware vergriffen (Spalte E): Hiermit wird indiziert, ob die Ware **vor Handelsende** in der entsprechenden Handelswoche vergriffen war, oder nicht. Die möglichen Merkmalsausprägungen und deren Bedeutung sind wie folgt:
  - 0: nein – mit Rest, d. h. Verkaufsmenge geringer als Bestellmenge.
  - 1: ja, d. h. die komplette Bestellmenge wurde verkauft. Potenzielle Käufer fanden ein „leeres Regal" vor.
  - 2: nein – ohne Rest, d. h. die komplette Bestellmenge wurde verkauft. Alle potenziellen Käufer wurden mit Ware bedient

- Warengruppe (Spalte F) mit den Merkmalsausprägungen:
  - „Frische Sea-Food" (FD)
  - „Regionale Bio-Apfelsäfte" (BA)
  - „Sonderposten" (SO)
- Verkaufsförderung (Spalte G): Budget in €, mit welchem die Warengruppe für die Niederlassung in der entsprechenden Handelswoche in besonderer Weise beworben wurde.
- Anzahl Aktionen der Konkurrenz (Spalte H): Information zur Anzahl von absatzfördernden Aktionen der Konkurrenten der Niederlassung in der entsprechenden Handelswoche in derselben Warengruppe.

6.2 Fragestellungen

a. Verschaffen Sie sich zunächst, in detaillierter Analyse der verschiedenen Warengruppen, einen Überblick dazu, wie schwierig es zu sein scheint, die Bestellmengen genau zu quantifizieren. Die Geschäftsleitung wünscht aus Umsatzgründen, dass die Kunden keine leeren Regale vorfinden. Andererseits sollen keine unnötigen Lagerkosten anfallen. Dieser Punkt wird noch dadurch unterstrichen, dass der Wareneingangsbereich bereits stark ausgelastet ist, und die Sicherstellung eines ordnungsgemäßen operativen Betriebs nicht weiter gefährdet werden soll. Klären Sie zumindest abschließend, ob die Analyseergebnisse durch Ausreißer beeinträchtigt sein könnten.

b. Sie sind prinzipiell zufrieden mit Ihren ersten Erkenntnissen und Anhaltspunkten aus Teil a), wissen aber, dass bei der Geschäftsleitung immer kurze und prägnante Erkenntnisse gefragt sind. Daher planen Sie für die Einleitung damit, die Bestellungen als Prognose für die Verkäufe aufzufassen und der Geschäftsleitung eine geeignete Kennzahl für die Güte der Bestellungen zu präsentieren. Auf welche Einschränkung müssen Sie sich hier einlassen, um die Kennzahl nicht zu verfälschen?

c. Die Geschäftsleitung stellt aktuell die Höhe der Ausgaben für die Verkaufsförderung in den Warengruppen „SO" und „FD" infrage. Geben Sie durch Analyse der Beziehung zunächst zwischen „Verkauf" und „Verkaufsförderung" und anschließend zwischen „Bestellungen" und „Verkaufsförderung" hierzu eine Empfehlung ab.

d. Die Geschäftsführung möchte die Kapitalgeber damit beruhigen, dass man aufgrund der vorliegenden Stichprobendaten zumindest für die Warengruppe SO im Durchschnitt für „Verkauf" pro in der „Verkaufsförderung" eingesetztem Euro mit einer 95 %-Sicherheit von einem stabilen Wert ausgehen kann. Sie sollen die dafür benötigten Daten aufbereiten und die Interpretation liefern.

e. Außerdem gibt es die Bestrebung weiteres Kapital für die „Verkaufsförderung" zu akquirieren. Die Kapitalgeber versuchen Sie von diesem Vorhaben dadurch zu überzeugen, dass Sie die gemeinsame Wirkung von „Anzahl Aktionen der Konkurrenz" und der eigenen „Verkaufsförderung" auf die Verkaufszahlen überprüfen. Sie gehen davon aus, dass Sie künftig die Bestellproblematik besser in den Griff bekommen und betrachten nur Datensätze, bei welchen es zu keinen Fehlbeständen gekommen ist.

f. Aus den Vorjahren wissen Sie, dass etwa in 55 % der Fälle (ohne Differenzierung nach Warengruppen) die Waren innerhalb einer Kalenderwoche vergriffen waren, so dass Kunden leere Regal vorgefunden haben. Für die jetzt vorliegende Betrachtungsperiode wurde bereits eine angepasste Prognosetechnik verwendet und die Bestellungen hiermit generiert. Hat sich dadurch eine signifikante Verbesserung ergeben? Sie möchten die neue Prognosetechnik nur dann weiterentwickeln lassen, wenn Sie ein 2 %-iges Risiko, das Verfahren der Vorjahre fälschlicherweise zu verwerfen, nicht überschreiten.

g. Abschließend interessiert es Sie noch, ob sich die Anteilswerte von „Ware vergriffen" in den Warengruppen FD und SO signifikant unterscheiden. Nach Vorliegen des entsprechenden Ergebnisses überprüfen Sie dessen Veränderung, wenn Sie unterstellen, dass Ihre beiden Stichproben für die Warengruppen viermal so groß seien und dabei dieselben Anteilswerte je Warengruppe aufweisen.

6.3 Hinweise und Lösung

6.3.1 Tangierte Themengebiete

- Häufigkeitsverteilungen
- Maßzahlen für eindimensionale Verteilungen
- Ausreißeridentifikation
- Performance Measurement
- Bivariate Analyse
- Dependenzanalyse
- Konfidenzintervalle
- Statistische Parametertests

6.3.2 Lösungsfördernde Strukturfragen

a. Anhand welcher Merkmale lässt sich festmachen, wie genau die Bestellmengen angesichts der späteren Verkäufe festgelegt werden konnten?
Welche Skalenniveaus weisen die Merkmale auf?
Mit welchen tabellarischen oder grafischen Darstellungsformen können Sie die Sachverhalte illustrieren?
Mit welchen Kennzahlen können sie kurze prägnante Vergleiche ausdrücken?
Müssen Sie eine Kennzahl nach einem anderen Merkmal (Kriterium) differenzieren?
Mit welchen Methoden können Sie Ausreißer identifizieren?

b. Wie lässt sich die Güte eines Prognoseverfahrens bewerten?
   Sollten Sie alle Datensätze angesichts der möglichen Differenzierung nach „Ware vergriffen" einfließen lassen?
c. Welche Merkmale sind relevant?
   Welche Skalenniveaus weisen die Merkmale auf?
   Wird nach einer Ursache-Wirkungsbeziehung (Dependenzanalyse) oder nach einem generellen Zusammenhang gefragt?
   Benötigen Sie zur Beantwortung Ihrer Fragen einen funktionalen Zusammenhang oder genügt die Angabe einer einzelnen Kennzahl?
d. Aus welchen Merkmalen ist das zu betrachtende Merkmal zu berechnen?
   Wie kann man eine Bandbreite für den zu erwartenden Durchschnittswert angeben?
   Welche Einordnung können Sie für die Länge dieser Bandbreite geben?
e. Welche Merkmale sind relevant?
   Welche Skalenniveaus weisen die Merkmale auf?
   Wird nach einer Ursache-Wirkungsbeziehung (Dependenzanalyse) oder nach einem generellen Zusammenhang gefragt?
   Benötigen Sie zur Beantwortung Ihrer Fragen einen funktionalen Zusammenhang oder genügt die Angabe einer einzelnen Kennzahl?
f. Welches Merkmal wird fokussiert?
   Genügt die Berechnung einer einzelnen Kennzahl zur Beantwortung der Fragen?
   Handelt es sich um einen statistischen Test? Wenn ja:
   - Liegen eine oder zwei Stichproben zugrunde?
   - Auf welche Parameter geht der statistische Test?
   Welche Verteilungsannahmen können Sie anhand der Gegebenheiten treffen, welche müssen Sie ggf. explizit überprüfen?
g. Welches Merkmal wird fokussiert?
   Genügt die Berechnung einer einzelnen Kennzahl zur Beantwortung der Fragen?
   Handelt es sich um einen statistischen Test? Wenn ja:
   - Liegen eine oder zwei Stichproben zugrunde?
   - Auf welche Parameter geht der statistische Test?
   Welche Verteilungsannahmen können Sie anhand der Gegebenheiten treffen, welche müssen Sie ggf. explizit überprüfen?

6.3.3 Benötigte statistische Methoden

a. Absolute und relative Häufigkeitsanalyse (tabellarisch oder grafisch) für ein Merkmal, ggf. eingeschränkt auf einen bestimmten Wertebereich und mit differenzierendem Vergleich nach einem anderen Merkmal.
   Mittelwert- und Streuungskennzahlen
   Box-Plots zur Ausreißeridentifikation

6.3 Hinweise und Lösung 93

b. Performance Measurement, z. B. mit VKRMSE
c. Bivariate Analysen, Korrelationskoeffizient
d. Konfidenzintervall für den Erwartungswert bei unbekannter Standardabweichung und hinreichend großer Stichprobe.
e. Regressionsanalyse mit „Verkaufsförderung" und „Anzahl Aktionen Konkurrenz" als unabhängige Variablen und „Verkauf" als abhängiger Variable.
f. Ein-Stichprobentest für den Anteilswert in Approximation der Prüfgröße durch die Normalverteilung.
Alternative (ohne Approximation): Testdurchführung mit der Hypergeometrischen Verteilung für den Anteilswert und Vorab-Festlegung des Signifikanzniveaus (vgl. Meißner und Wendler 2015, S. 342 ff.).
g. Zwei-Stichprobentest auf die Differenz zweier Anteilswerte in Approximation der Prüfgröße durch die Normalverteilung.

6.3.4 Umsetzung in Excel

a. Pivot-Tabelle für Anzahl von „Ware vergriffen", differenziert nach „Warengruppe".
Pivot-Tabelle für Mittelwert und Standardabweichung (Stichprobe) von „Differenz", gefiltert mit der Ausprägung 0 für „Ware vergriffen" und differenziert nach „Warengruppe".
Analyse von Ausreißern mit Boxplot und/oder Mittelwert-Standardabweichungsverfahren.
b. Pivot-Tabelle und auf dieser Grundlage eigenerstellte Formel für VKRMSE.
c. Korrelationskoeffizient je Warengruppe für den Zusammenhang zwischen „Verkauf" und „Verkaufsförderung" sowie für den Zusammenhang zwischen „Bestellungen" und „Verkaufsförderung". Funktion „Korrel". Alternativ wäre die Nutzung der Datenanalysefunktion „Korrelation" möglich (vgl. Abschn. 2.2.2).
d. Berechnung des Konfidenzintervalls in Rückgriff auf die Schätzfunktion STABW.S sowie die Berechnung des Quantilswertes über NORM.S.INV.
e. Optionale Vorarbeit: Punkt-XY-Diagramme oder Korrelationskoeffizienten jeweils im Paar zwischen unabhängiger Variable und „Verkauf", um zu überprüfen, ob ein linearer Funktionstyp gerechtfertigt ist.
Daten – Datenanalyse – Regression
Weitere Kennzahlenberechnungen auf Grundlage der Ergebnisse der Datenanalysefunktion.
Eigenerstellte Formeln
f. Im Wesentlichen müssen die Berechnungen durch eigenerstellte Formeln in Excel durchgeführt werden.
In diesen Formeln oder zur Berechnung von Teilergebnissen kann auf folgende Excel-Funktionen zurückgegriffen werden:

ANZAHL2, um die Anzahl der Elemente in der Stichprobe zu bestimmen. Alternative: Pivot-Tabelle.
ZÄHLENWENNS, um den Anteil der Elemente in der Stichprobe mit Vorliegen von „Ware vergriffen" bei leerem Regal zu bestimmen. Alternative: Pivot-Tabelle.
NORM.S.VERT, NORM.S.INV

g. Im Wesentlichen müssen die Berechnungen durch eigenerstellte Formeln in Excel durchgeführt werden.
In diesen Formeln oder zur Berechnung von Teilergebnissen kann auf folgende Excel-Funktionen zurückgegriffen werden:
Pivot-Tabelle analog Teil a)
NORM.S.VERT, NORM.S.INV

6.3.5 Erläuterungen zur Lösung

a. Die Quantifizierung der Schwierigkeit, die Bestellmengen genau zu bestimmen, lässt sich in einer ersten Näherung mit dem Merkmal „Ware vergriffen" analysieren – aus den ansonsten vorhandenen Merkmalen bietet sich eine Differenzierung nach den Warengruppen an.
Die relevanten Merkmale stellen mithin „Ware vergriffen" und „Warengruppe" dar. Um einen ersten Eindruck zu erhalten, wird zunächst eine zweidimensionale Häufigkeitstabelle über eine Pivot-Tabelle erstellt.
Für die Anlage der Pivot-Tabelle werden alle Spalten aus dem Tabellenblatt „Rohdaten" im Dialog „PivotTable erstellen" im Bereich „Tabelle oder Bereich auswählen" eingetragen (vgl. Abschn. 2.2.1). Zum Nachvollzug der im Weiteren angegebenen Zellbezüge sei vermerkt, dass die Platzierung der Pivot-Tabelle hier in das vorhandene Tabellenblatt in Zelle A1 erfolgte.
In Abb. 6.1 finden sich die nötigen Einstellungen links und das Ergebnis im rechten Teil der Darstellung.
Im Fokus der Problemanalyse steht die Ausprägung 1 des Merkmals „Ware vergriffen", weil dann Kunden vor einem leeren Regal standen. Von 156 Fällen insgesamt

▼ FILTER	⬛ SPALTEN	Anzahl	Waren-gruppe			
	Warengruppe ▼	Ware vergriffen ▼	SO	BA	FD	Gesamt-ergebnis
		0	26	26	32	84
☰ ZEILEN	Σ WERTE	1	25	26	19	70
Ware vergriffen ▼	Anzahl ▼	2	1		1	2
		Gesamt-ergebnis	52	52	52	156

Abb. 6.1 Einstellung und Ergebnis zweidimensionale Häufigkeitstabelle

liegt in 70 Fällen dieser problematische Umstand vor. Durch Aktivieren des Kontextmenüs (rechte Maustaste) in der Pivot-Tabelle und Auswahl von „Werte anzeigen" – „als Prozent der Gesamtsumme", zeigt sich, dass die o. g. 70 Fälle 44,87 % der Gesamtfälle ausmachen.

An den absoluten Anzahlen sieht man bereits, dass die Problemfälle in der Warengruppe FD etwas geringer ausgeprägt sind. Durch Wechsel auf „Werte anzeigen" – „% des Zeilengesamtergebnisses" wird für FD ein Anteil von 27,14 % an den 70 problematischen Fällen angezeigt. Die beiden anderen Warengruppen weisen hier mit 35,71 % (SO) bzw. 37,14 % (BA) noch kritischere Werte auf. Sofern eine Konzentration (Prioritätsliste) zur Problembehandlung erforderlich ist, wäre hiermit ein erster Ansatz gefunden.

Die Quantifizierung der Schwierigkeit, die Bestellmengen genau zu bestimmen, lässt sich aus einem anderen Blickwinkel auch mit dem Merkmal „Differenz" analysieren, da es selbstverständlich auch problematisch ist, wenn mehr Einheiten bestellt wurden, als später verkauft werden konnten.

Hierzu kann das Merkmal „Differenz" ausgehend von derselben Pivot-Tabelle wie zuvor analysiert werden. Um beides parallel darstellen zu können, wird die Pivot-Tabelle aus dem vorangegangenen Schritt kopiert. Wir setzen mit dem Merkmal „Ware vergriffen" einen zusätzlichen Filter (Wert 0), da jetzt nur noch die Fälle interessieren, bei welchen ein Restbestand in der Handelswoche geblieben ist.

Die Differenzierung der Sicht erfolgt erneut durch das Merkmal „Warengruppe". Im Weiteren wird die Kennzahlenberechnung von Mittelwert und Standardabweichung (jeweils von „Differenz") herangezogen. Aufgrund der vielen unterschiedlichen Merkmalsausprägungen von „Differenz" wäre die Darstellung mit „Anzahl" zu unübersichtlich (alternativ könnten die Daten klassiert werden und eine entsprechende klassierte Häufigkeitstabelle analysiert werden).

In Abb. 6.2 finden sich die nötigen Einstellungen links und das Ergebnis im rechten Teil der Darstellung.

Die durchschnittliche Anzahl von Übermengen bei den Bestellungen ist in den Warengruppen SO und BA mit jeweils durchschnittlich rund 4 Einheiten absolut gesehen gering im Vergleich zum selben Sachverhalt bei der Warengruppe FD (durchschnittlich 48,75 Einheiten in der Differenz). Das Ergebnis ist konsistent mit dem Ergebnis aus der Analyse von „Ware vergriffen", und zwar insofern, dass bei den Warengruppen SO und BA offenbar „knapper" kalkuliert wird. Wenn die Ware einer Woche ausreicht, bleibt im Durchschnitt nicht so viel übrig. Dies wird offensichtlich damit „erkauft", dass es häufiger zur Situation leerer Regale kommt (vgl. vorangegangen Analyseschritt). Bei FD verhält es sich genau umgekehrt. Es wird eher „großzügig" kalkuliert, so dass es seltener zu leeren Regalen kommt, aber dadurch werden die Übermengen im Durchschnitt auch deutlich größer.

Zur Absicherung sollte aufgrund der Verwendung des arithmetischen Mittels eine Ausreißeridentifikation (je Warengruppe) angeschlossen werden. Hierzu wurden die Daten von „Warengruppe" und „Differenz" gesondert aus den Rohdaten in das Tabellenblatt kopiert.

Abb. 6.2 Einstellung und Ergebnis Kennzahlenberechnung für „Differenz"

Für SO und BA könnten hier ggf. einzelne Extremfälle erkannt werden (vgl. Abb. 6.3), die dann im Detail hinsichtlich des Zustandekommens hinterfragt werden müssten. Im zugehörigen Excel-Boxplot wird zwar ein Datensatz (Differenzwert 9 bei SO) als Ausreißer deklariert, der ggf. mit der Fachabteilung hinterfragt werden könnte. Wenn die überschaubaren Differenzwerte für SO und BA der Geschäftsleitung nicht doch zu groß sind, deutet sich an dieser Stelle aber kein Handlungsbedarf an.

Anders scheint es sich bei der Warengruppe FD zu gestalten. Im Excel-Boxplot werden einige Datensätze als Ausreißer markiert (vgl. Abb. 6.4).

Abb. 6.3 Boxplot zu „Differenz" in den Warengruppen BA und SO

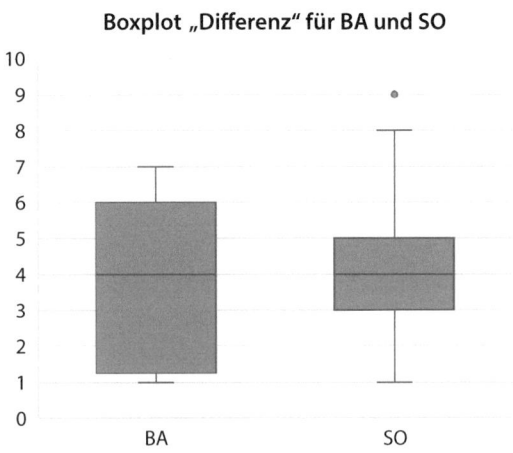

Abb. 6.4 Boxplot zu „Differenz" in der Warengruppe FD

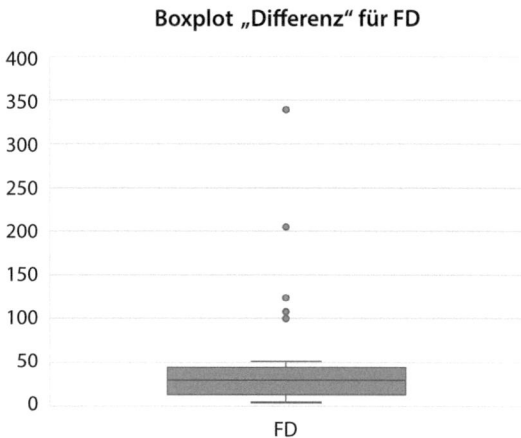

Die Ausreißeridentifikation sollte noch einmal detailliert mit dem Mittelwert-Standardabweichungsverfahren durchgeführt werden, und anschließend gemeinsam mit den Disponenten in einer inhaltlichen Detailanalyse nach Gründen für die großen Differenzen gesucht werden. Lassen diese sich durch einmalige Effekte schlüssig erklären, können die Datensätze aus der Untersuchung herausgenommen werden.

Für $a = b = 2$, d. h. einen Kanal der zweifachen Standardabweichung um den Mittelwert herum werden für FD nur die beiden größten Werte als Ausreißer identifiziert. Selbst wenn man diese nachfolgend ausschließt, bleibt eine durchschnittliche Differenz von rund 34 Einheiten erhalten, und dies bei einer durchschnittlichen Abweichung von rund 30 Einheiten vom Mittelwert. Für diese Warengruppe besteht definitiv ein Handlungsbedarf, um die Bestellungen besser an den wirklichen Bedarf anzupassen.

b. Aus dem Tabellenblatt „Rohdaten" werden zunächst „Bestellungen" (in Spalte A) „Verkauf" (in Spalte B), „Ware vergriffen" (in Spalte C) und „Warengruppe" (in Spalte D) in ein neues Tabellenblatt kopiert und in diesem eine Spalte zum „quadrierten Fehler" (in Spalte E) hinzugefügt. Die Berechnung des quadrierten Fehlers erfolgt pro Datensatz mittels quadrierter Differenz von Bestell- und Verkaufswerten.

Auf dieser Basis legt man eine Pivot-Tabelle an und berechnet den Mittelwert von „quadrierter Fehler" sowie den Mittelwert von „Verkauf" differenziert nach „Warengruppe".

Zusätzlich nutzt man „Ware vergriffen" im Bereich „Filter" und schränkt dort auf die relevanten Werte 0 und 2 ein, weil nur dann relevante Restmengen vorliegen, und nur für diese Fälle ein Soll-Ist-Abgleich sinnvoll ist. Hierin besteht auch die notwendige Einschränkung. Würde man auch den Wert 1 zulassen, würden Datensätze mit identischen Werten für „Bestellungen" und „Verkauf" einbezogen. Allerdings steht die Differenz von Null dann nicht für ein besonders gutes Verhalten des Prognoseverfahrens, weil ja in diesen Fällen faktisch zu wenig Ware bestellt wurde. Ohne eine Einschätzung zu diesem Sachverhalt (z. B. in Form eines negativen Differenzwertes), lässt man diese Fälle somit besser unberücksichtigt. Es ist besser nur ein Teilbild zu vermitteln, als Verzerrungen bei der Darstellung eines Gesamtbildes bewusst hinzunehmen.

Ausgehend hiervon erfolgt dann die Berechnung von VKRMSE. In Abb. 6.5 finden sich die nötigen Einstellungen links und das Ergebnis im rechten Teil der Darstellung. Die Spalte „VKRMSE" ist nicht Bestandteil der Pivot-Tabelle, sondern nachträglich mittels entsprechender Formel angehängt.

Die Werte für die Warengruppen SO und BA sind sehr gering, und bestätigen prinzipiell Ihre Ergebnisse aus den vorangegangenen Teilen. Denn, wenn die Ware nicht vergriffen war und somit alle Kundennachfragen befriedigt werden konnten, gab es nur geringe Abweichungen zwischen den Bestellungen und den nachfolgenden Verkäufen. Dies geht mir der vermuteten „knappen" Kalkulation in diesen Warengruppen konform. Wie oben bei der Erläuterung der Einschränkung vermerkt, ist die Problematik, dass die Kunden in den Warengruppen SO und BA häufiger leere Regale vorfinden, hier nicht mehr adressiert, müsste aber selbstredend gesondert verfolgt werden.

Allerdings weist auch die Warengruppe FD hier einen sehr guten Wert auf. Wir erhalten mit 1,65 % eine sehr geringe durchschnittliche Abweichung der Prognosewerte („Bestellungen") von den Sollwerten („Verkauf") und somit für eine sehr gute Performance. Dies ist darin begründet, dass in der vorliegenden VKRSME-Berechnung die Differenzwerte zwar einfließen, diese aber nicht in jedem Element mit dem Mittelwert der Differenzwerte verglichen werden. Die große Streuung innerhalb der Differenzwerte (vgl. Teil a) bleibt hier faktisch unberücksichtigt. Bezogen auf das Mittel von „Verkauf" liegen die Werte der Bestellungen im Mittel also gar nicht so schlecht. In der detaillierteren Analyse aus Teil a) sehen wir aber, dass die Prognosegüte der Einzelereignisse sehr unterschiedlich sein kann, so dass eine detaillierte fachliche Auseinandersetzung mit diesem Aspekt sehr wohl angezeigt ist.

c. Es werden je Warengruppe die Merkmale „Bestellungen", „Verkauf" und „Verkaufsförderung" aus dem Tabellenblatt „Rohdaten" in ein gesondertes Tabellenblatt kopiert. Bei Bedarf kann hierzu im Menüband „Daten" in der Rubrik „Sortieren und Filtern" der Eintrag „Sortieren" genutzt werden. Dieser Vorgang ist erforderlich, weil die be-

▼ FILTER	‖‖ SPALTEN	Ware vergrif (Mehrere Elemente)			
Ware vergriffen ▼	Σ Werte ▼	Warengruppe	Mittelwert von Verkauf	Mittelwert von quadrierter Fehler	VKRMSE
		SO	8577,52	21,41	0,0005
≡ ZEILEN	Σ WERTE	BA	6877,38	18,15	0,0006
Warengruppe ▼	Mittelwert von Verkauf ▼	FD	4922,39	6580,48	0,0165
	Mittelwert von quadrie... ▼	(Leer)			
		Gesamtergebnis	6660,98	2537,28	

Abb. 6.5 Einstellung und Ergebnis Kennzahlenberechnung für „Verkauf" und „quadrierter Fehler"

6.3 Hinweise und Lösung

nötigte Funktion „Korrel" kein Argument für eine implizite Differenzierung des Datenbereiches nach einem anderen Merkmal (hier wäre es für „Warengruppe" hilfreich) anbietet. Gleiches gilt für die Funktion „Korrelation" in den Datenanalysefunktionen. Für die nach Warengruppe getrennt aufgelisteten Datensätze wird anschließend die Funktion „Korrel" verwendet.

Für die Warengruppe „SO" liegt ein starker positiver Zusammenhang zwischen „Verkauf" und „Verkaufsförderung" vor (Korrelationskoeffizient von 0,999). Insofern scheint die Verkaufsförderung das zu bewirken, was sie beabsichtigt, nämlich den Verkauf zu steigern. Je mehr in die Verkaufsförderung investiert wurde, umso mehr wurde auch verkauft. Ebenso liegt ein starker positiver Zusammenhang zwischen „Bestellungen" und „Verkaufsförderung" vor (Korrelationskoeffizient von 0,883). Dies ist schlüssig, weil bei einer starken Bewerbung und einer dadurch aktivierten Nachfrage auch entsprechend viel Ware bestellt werden sollte, um die Nachfrage befriedigen zu können. In beiden Fällen ist die Irrtumswahrscheinlichkeit für die fälschliche Ablehnung der Nullhypothese (es gibt keinen Zusammenhang) gleich 0, der Zusammenhang also hochsignifikant.

Zusammen mit den Ergebnissen aus den vorangegangenen Teilen (verhältnismäßig geringe Differenzen, aber hoher Anteil von Wochen mit vergriffener Ware) wären zwei Maßnahmen denkbar: Behutsame Erhöhung der Bestellmengen (mit dem Nebenziel die Differenzmengen nicht zu erhöhen), oder Reduktion der Verkaufsförderung, um die Nachfrage besser an die Bestellengen anzupassen. Im zweiten Fall müssten die Einsparungen aus der Verkaufsförderung den sich ggf. einstellenden Umsatzverlusten gegenübergestellt werden, d. h. hierzu weiteres Datenmaterial beschafft werden.

Für die Warengruppe „FD" liegt ebenso ein starker positiver Zusammenhang zwischen „Verkauf" und „Verkaufsförderung" vor (Korrelationskoeffizient von 0,967). Allerdings zeigt sich ein Widerspruch bzgl. des Zusammenhangs zwischen „Bestellungen" und „Verkaufsförderung". Hier muss bei einem Korrelationskoeffizienten von $-0,047$ faktisch von einer Unabhängigkeit der beiden Größen ausgegangen werden. Wenn also z. B. die Warengruppe wenig beworben wird, wird die Bestellmenge in der Regel nicht entsprechend angepasst. Hiermit ließe sich möglicherweise auch das schlechte Ergebnis für die Warengruppe bzgl. der Differenzwerte aus Teil a) begründen. Insofern können Sie hierzu eher die Handlungsempfehlung geben, die Bestellungen in Einklang mit der Verkaufsförderung zu bringen. Vor dem Hintergrund der Daten aus Teil a) also die Bestellmengen nach unten zu korrigieren, wenn die Verkaufsförderung geringer ausfällt.

d. Aus dem Tabellenblatt „Rohdaten" werden zunächst die Daten zu „Verkauf" (in Spalte A) „Warengruppe" (in Spalte B) und Verkaufsförderung (in Spalte C), aber nur für die Warengruppe SO, in ein neues Tabellenblatt kopiert, und dort in Spalte D das zu untersuchende Merkmal „VpV" anhand des Quotienten von „Verkauf" und „Verkaufsförderung" berechnet.

Da keine Verteilungsannahme für „VpV" vorliegt, könnte vorab ein Verteilungstest auf Normalverteilung durchgeführt werden. Da die Stichprobengröße eingeschränkt auf die Warengruppe SO mit 52 Elementen aber die Anwendung des Zentralen Grenzwertsatzes zulässt, kann das Konfidenzintervall für den Erwartungswert bei unbekannter Standardabweichung und hinreichend großer Stichprobe über einen Quantilswert der Standardnormalverteilung berechnet werden.

Das entsprechende Konfidenzintervall besagt im Ergebnis, dass man mit einer 95 %-Sicherheit in der Warengruppe SO im Durchschnitt 2,84328 bis 2,85047 abgesetzte Einheiten pro Euro Verkaufsförderung erwarten darf. Wie gut dieses Ergebnis absolut ist, lässt sich nur beurteilen, wenn zusätzlich Durchschnittspreis und Durchschnittskosten der Produkte der Warengruppe bekannt wären. Gehen wir davon aus, dass dies rentabel ist, so können wir weiter festhalten, dass die Schätzung des Intervalls an sich sehr stabil ist, da die relative Länge des Intervalls bei 0,00064 liegt (geschätzte Standardabweichung aus der Berechnung des Konfidenzintervalls dividiert durch das arithmetische Mittel; Interpretation entsprechend Variationskoeffizient).

e. Für eine übersichtlichere Darstellung der Einträge beim Aufruf der Datenanalysefunktionen werden die Merkmale „Verkauf" (Spalte B), „Ware vergriffen" (Spalte C), „Verkaufsförderung" (Spalte D) und „Anzahl Aktionen der Konkurrenz" (Spalte E) in ein gesondertes Tabellenblatt kopiert und die entsprechenden Spalten über die Dialogfolge „Daten – Datenanalyse – Regression" in „Eingabe – Y-Eingabebereich" (Spalte B) und „Eingabe – X-Eingabebereich" (Spalten D bis E) eingetragen (vgl. Abschn. 2.2.2). Dabei werden entsprechend der Vorgabe nur die Fälle mit „Ware vergriffen" = 0 oder = 2 berücksichtigt.

Als Vorarbeit wird überprüft, ob die unabhängigen Variablen einzeln einen Zusammenhang mit der abhängigen Variable aufweisen. Dies kann mittels Korrelationsanalyse (für lineare Zusammenhänge) oder in einer grafischen Analyse mittels Streudiagramm (Punkt XY-Diagramm) erfolgen. Mittels Einfügen von Trendlinien ließen sich so auch nicht-lineare Zusammenhänge identifizieren (vgl. Abschn. 2.2.2). Die zugehörigen Ergebnisse (vgl. Abb. 6.6) zeigen, dass hier jeweils von einem linearen Zusammenhang ausgegangen werden darf, und somit die Anwendung der multiplen Regressionsanalyse über die Datenanalysefunktionen zulässig ist.

Im Ergebnis kann der Gesamtansatz mit rund 99 % durch die unabhängigen Variablen erklärtem Anteil an der Gesamtvarianz der abhängigen Variable „Verkauf" als „sehr gut" bezeichnet werden (Bestimmtheitsmaß: 0,99; vgl. Abb. 6.7 links).

Die Stabilität der BHM-Schätzung kann durch den Quotient von Standardfehler (152,441; vgl. Abb. 6.7 links) und Mittelwert von „Verkauf" (6660,98; Formel: MITTELWERT(B:B)) sowie anschließender Interpretation als Variationskoeffizient bewertet werden. Mit 0,0229 wird auch hier ein sehr guter Wert erreicht.

Das Signifikanzniveau des F-Tests $F\ krit$ zeigt, dass das Bestimmtheitsmaß signifikant von 0 verschieden ist, weil die zugehörige Nullhypothese, dass das Bestimmtheitmaß gleich 0 sei, mit einer Irrtumswahrscheinlichkeit von $1{,}46 \cdot 10^{-84}$ (also faktisch 0) abgelehnt werden kann (vgl. Abb. 6.7 rechts).

Abb. 6.6 Streudiagramme Verkaufsförderung bzw. Aktionen der Konkurrenz auf Verkaufsmenge

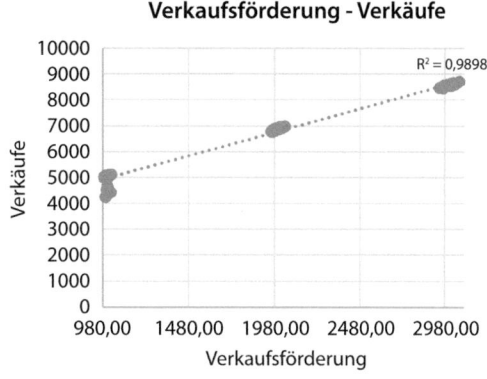

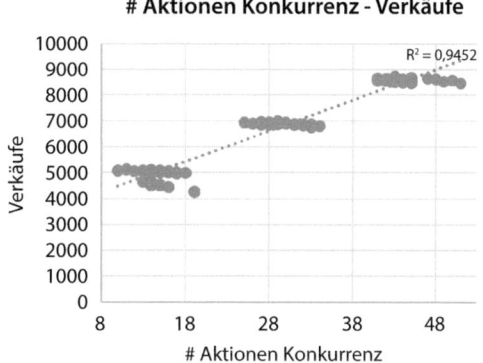

Im sich anschließenden Ausgabeblock können die Regressionskoeffizienten und somit die Einflüsse der einzelnen unabhängigen Variablen auf die abhängige Variable detaillierter analysiert werden (vgl. Abb. 6.8).

Das Signifikanzniveau des t-Tests („P-Wert") zeigt für die Variable „Verkaufsförderung" mit einem Wert nahe 0 (also einer Irrtumswahrscheinlichkeit nahe 0 % für die fälschliche Ablehnung der Nullhypothese, dass der Regressionskoeffizient gleich 0 sei), dass dieser Regressionskoeffizient im gewählten Modell nicht nur zufällig von 0 verschieden ist. Für die Variable „Anzahl Aktionen der Konkurrenz" liegt dieser Wert zwar nicht bei 0, ist mit 0,018 (also einer Irrtumswahrscheinlichkeit von 1,8 % für die

Regressions-Statistik			Freiheitsgrade	Prüfgröße (F)	F krit
Multipler Korrelationskoeffizient	0,995				
Bestimmtheitsmaß	0,990				
Adjustiertes Bestimmtheitsmaß	0,990	Regression	2	4305,35	1,46E-84
Standardfehler	152,441	Residue	83		
Beobachtungen	86,000	Gesamt	85		

Abb. 6.7 Regressionsanalyse – globale Güte

	Koeffizienten	Standardfehler	t-Statistik	P-Wert	Untere 95%	Obere 95%	Relative Breite des KI
Schnittpunkt	3133,411	41,419	75,652	0,000	3051,030	3215,792	
Verkaufsförderung	2,073	0,104	19,840	0,000	1,865	2,281	0,050
Anzahl Aktionen der Konkur	-16,747	6,929	-2,417	0,018	-30,528	-2,965	0,414

Abb. 6.8 Regressionsanalyse – Güte Regressionskoeffizienten

fälschliche Ablehnung der Nullhypothese, dass der Regressionskoeffizient gleich 0 sei) immer noch so gering, dass insgesamt für das Modell der Einfluss der unabhängigen Variablen auf das Merkmal „Verkauf" jeweils als statistisch signifikant angesehen werden kann.

Die Regressionsfunktion lautet bei einer Notation der unabhängigen Variablen mit X_1 („Verkaufsförderung"), X_2 („Anzahl Aktionen der Konkurrenz") und einer Genauigkeit auf 3 Nachkommastellen:

$$\hat{Y} = 3133{,}411 + 2{,}073 \cdot X_1 - 16{,}747 \cdot X_2$$

Das heißt erhöht man die Verkaufsförderung um einen Euro, so erhöht sich der Verkauf um 2,073 Einheiten. Eine zusätzliche Aktion der Konkurrenz kostet dagegen 16,747 Einheiten im Verkauf.

Die Breite der Konfidenzintervalle (KI) der Schätzungen der Regressionskoeffizienten lassen sich wiederum durch den Quotienten von Standardfehler und Koeffizient in der Interpretation als Variationskoeffizient beurteilen. Die entsprechende Spalte („Relative Breite des KI") in Abb. 6.8 ist nicht Bestandteil der Standardausgabe, sondern mittels der Formel manuell ergänzt worden.

Bzgl. der „Verkaufsförderung" kann die Schätzung als sehr stabil bezeichnet werden (Wert 0,05, d. h. geringe relative Schwankung). Im Fall der „Anzahl Aktionen der Konkurrenz" ist die relative Breite des Konfidenzintervalls aber bereits sehr groß (Wert 0,414). Einer Wirkungsprognose hinsichtlich dieses Merkmals sollte deshalb äußerst kritisch begegnet werden.

Die Beta-Koeffizienten für die Beurteilung der relativen Wichtigkeit der unabhängigen Variablen für die Erklärung der abhängigen Variable im gewählten Modellansatz zeigen, dass „Verkaufsförderung" mit einem Wert von 1,13 relativ gesehen das Wichtigste ist, um das Merkmal „Verkauf" zu erklären (vgl. Abb. 6.9). Auch dieser Teil ist nicht Bestandteil der Standardausgabe der Datenanalysefunktion zur Regression, sondern anhand der entsprechenden Formel eigenerstellt. Grundlage ist die Standardabweichung der beobachteten Werte von „Verkauf" (=STABW.S(B:B) mit Ergebnis 1541,68).

f. Detaillierte Erläuterungen zur Lösung sind in der zugehörigen Excel-Datei vermerkt. Hier werden nur punktuelle Aspekte gesondert hervorgehoben. Für eine übersichtlichere Darstellung der Einträge in den selbsterstellten Formeln wird das Merkmal „Ware vergriffen" (Spalte A) in ein gesondertes Tabellenblatt kopiert.

Abb. 6.9 Regressionsanalyse – BETA-Koeffizienten

	Koeffizienten	Standardabweichung	Beta-Koeffizient
Verkaufsförderung	2,073	840,426	1,130
Anzahl Aktionen der Konkurrenz	-16,747	12,674	-0,138

Der eigentlich vorliegende Test auf einen Anteilswert wird nach erfolgreicher Prüfung der Approximationskriterien auf einen Standardnormalverteilungstest zurückgeführt. Da aus der Beschreibung der Ausgangslage nicht eindeutig hervorgeht, ob dieselbe Niederlassung mehrfach in die Stichprobe gelangen konnte, geht man sicherheitshalber davon aus, dass dies nicht der Fall ist (die Kriterienprüfung inkludiert dann auch den anderen Fall). Die Anzahl der Elemente der Grundgesamtheit N wird auf Grundlage von 100 Niederlassungen und der Erfassung der Daten (aus einem Jahr) pro Kalenderwoche für drei Warengruppen entsprechend auf $100 \cdot 52 \cdot 3 = 15.600$ hochgerechnet.

Eine Verbesserung des Anteilswertes der Fälle leerer Regale müsste sich entsprechend in einem geringeren Anteilswert niederschlagen. Die Alternativhypothese postuliert mithin, dass sich der wahre Parameter für den Anteilswert in der Grundgesamtheit im Vergleich zum bisher als wahr unterstellten Wert von 0,55 verringert hat.

Um den Wert von SIG. als Risiko für die fälschliche Ablehnung der Nullhypothese zu bestimmen, genügt es, die Wahrscheinlichkeit dafür zu berechnen, dass in der Prüfgröße der aus den Stichprobendaten erhaltene Wert $-2,5428$ (oder ein noch kleinerer Wert) auftritt. Das heißt der Fokus liegt rein auf der linken Endfläche der Standardnormalverteilung. Die Berechnung von SIG. erfolgt somit über NORM.S.VERT($-2,5428$; 1); vgl. Abschn. 2.2.4.

Als Ergebnis zeigt sich, dass die Wahrscheinlichkeit dafür, den Wert von $-2,5428$ (oder einen noch kleineren Wert) bei Gültigkeit von H_0 zu erhalten, gerade einmal 0,55 % beträgt. Hieraus wird angesichts unseres Grenzrisikos von 2 % geschlossen, dass H_0 verworfen werden kann, und von einer Verbesserung des Anteilswertes der Größe „Ware vergriffen" durch das neue Prognoseverfahren ausgegangen werden kann. In Anbetracht des hiesigen Kriteriums sollte also nicht wieder auf das alte Prognoseverfahren zurückgewechselt werden. Angesichts der zuvor aufgedeckten Problempunkte sollte das Prognoseverfahren aber weiter verbessert werden, um die in den vorangegangenen Teilen beleuchteten Differenzwerte aus Überbestellmengen zu verringern.

g. Detaillierte Erläuterungen zur Lösung sind in der zugehörigen Excel-Datei vermerkt. Hier werden nur punktuelle Aspekte gesondert hervorgehoben. Für eine übersichtlichere Darstellung der Einträge in den selbstgestellten Formeln werden die Merkmale „Ware vergriffen" (Spalte A) und „Warengruppe" (Spalte B) in ein gesondertes Tabellenblatt kopiert.

Die Prüfung der Approximationskriterien und Rückführung auf einen Standardnormalverteilungstest wird analog zum Teil f) durchgeführt.

Da sich die Fragestellung rein darum dreht, ob sich die Anteilswerte unterscheiden, ist die Form der Alternativhypothese mithin gegeben.

Um den Wert von SIG. als Risiko für die fälschliche Ablehnung der Nullhypothese zu bestimmen, genügt es, die Wahrscheinlichkeit dafür zu berechnen, dass in der Prüfgröße der aus den Stichprobendaten erhaltene Betrag des Wertes 1,1909 (oder betragsmäßig ein noch größerer Wert) auftritt. Das heißt der Fokus liegt rein auf der rechten Endfläche der Standardnormalverteilung. Die Berechnung von SIG. erfolgt somit über $1 - \text{NORM.S.VERT}(1,1909; 1)$; vgl. Abschn. 2.2.4. Da wir damit bei Vorliegen eines zweiseitigen Tests die Risikofläche aber nur auf einer Seite spezifizieren, muss der so erhaltene Wert noch einmal verdoppelt werden.

Mit den im Datenset vorhandenen Stichprobengrößen (52 Beobachtungen je Gruppe) kann trotz des augenscheinlich vorliegenden Unterschieds von 36,54 % in der Gruppe FD im Vergleich zu 48,08 % in der Gruppe SO bei einer vorgegebenen Irrtumswahrscheinlichkeit von 2 % die Nullhypothese, dass die beiden Anteilswerte in den Grundgesamtheiten gleich sind, nicht verworfen werden. Hierfür müsste im vorliegenden Fall die immense Irrtumswahrscheinlichkeit von 23,37 % hingenommen werden. Letztendlich resultiert dies aus der doch geringen Datenbasis, welche das Ergebnis mit einer hohen Unsicherheit behaftet erscheinen lässt.

Ändert man lediglich die Stichprobengrößen ab (ansonsten sind im Tabellenblatt „Ergänzung g)" alle Werte und Formeln im Vergleich zum Tabellenblatt „g)" identisch), so kann man aufgrund der Untermauerung des Ergebnisses für eine größere Anzahl von Fällen die Nullhypothese ablehnen. Die Unsicherheit des Schlusses von der Stichprobe auf die Grundgesamtheit wird aufgrund der größeren Masse, die das Ergebnis hervorgebracht hat, deutlich verringert (Irrtumswahrscheinlichkeit 1,723 %).

Generell überrascht das Stichprobenergebnis inhaltlich nicht sonderlich, da in den vorangegangenen Analysen bereits herausgearbeitet werden konnte, dass in der Warengruppe SO eher „knapp" und in der Warengruppe FD eher „großzügig" disponiert wurde.

Literatur

Meißner J, Wendler T (2015) Statistik Praktikum mit EXCEL, 2. Aufl. Springer, Wiesbaden

Fallstudie Kino 7

7.1 Beschreibung der Ausgangslage

Sie beraten einen Kinobetreiber, der Kinos an drei verschiedenen Standorten führt. Ihm geht es insbesondere um die Auslastungszahlen der Veranstaltungen, um einerseits schlecht besuchte Filme zu identifizieren, anderseits aber auch darum, die Vorführräume besser zu disponieren, um verfügbare Ressourcen nicht zu vergeuden. Ihnen steht je Standort eine Stichprobe von 150 Filmen zur Verfügung. Die Daten sind für einen Film bereits über alle zugehörigen Vorstellungen aggregiert.

Im Einzelnen sind in jedem der Datensätze die folgenden Fakten enthalten:

- Laufende Nummer (Spalte A)
- Titel-ID (Spalte B): Codierung des Filmtitels
- Genre (Spalte C): Gattung, welcher der Titel zugehört. Es werden folgende Ausprägungen unterschieden:
  - Action
  - Komödie
  - Krimi
  - Thriller
  - Drama
- Standort (Spalte D): Es werden in 3 Städten Kinos betrieben. In Ihren Daten werden sie differenziert in die Ausprägungen:
  - A
  - B
  - C
- Auslastung (Spalte E): Quotient aus der pro Vorstellung verkauften und den im Vorführraum insgesamt verfügbaren Plätzen, multipliziert mit 100. Die Auslastung ist bereits für einen Film über alle zugehörigen Vorstellungen am entsprechenden Standort aggregiert. Die Angabe kann entsprechend als Prozentwert aufgefasst werden.

7.2 Fragestellungen

a. Sie möchten sich zunächst einen Überblick über die Auslastungswerte verschaffen. Dazu wollen Sie dem Betreiber eine aggregierte Sicht in 5er-Schritten zur Auslastung präsentieren und diese anschließend grafisch so aufbereiten, dass die Adressaten auf einen Blick sehen, welcher Anteil an Filmen nur mit bis zu $x\%$ ausgelastet war.
Da die Schwellen je Standort unterschiedlich eingeschätzt werden, planen Sie die gegenüberstellende Übersicht je Standort. Um vollständig auskunftsfähig zu sein, möchten Sie die Bereiche zwischen den 5er-Schritten linear approximieren. Sie wollen auch darauf eingehen, wie aus den Darstellungen eine die Verteilung charakterisierende Mittelwertkennzahl abgelesen werden kann.
b. Der Betreiber hat Sie bereits auf seine Problematik bei der Auswahl der Raumgröße hingewiesen. Wird der Raum zu groß gewählt, fehlt ggf. Kapazität für einen anderen Film. Wird der Raum zu klein gewählt, müssen ggf. Kunden abgewiesen werden. Er gibt an, dass er im Zeitraum, aus welchem die Daten stammen, am Standort A ein spezielles Vermarktungskonzept angewendet hat, welches eine gleichmäßigere Auslastung realisieren soll. Für den Vorzeitraum nennt er Ihnen einen Wert von 28 für die durchschnittliche Abweichung des Auslastungswertes vom arithmetischen Mittel. Er bittet Sie um eine fundierte Überprüfung, ob er jetzt generell am Standort A von einer gleichmäßigeren Auslastung ausgehen kann.
c. In Konsequenz der Problemsituation aus Teil b) möchten Sie anschließend prüfen, ob Sie von Unterschieden in der Gleichmäßigkeit der Auslastung an den Standorten A und C ausgehen müssen.
d. Ein weiteres Analysefeld hinsichtlich der Gleichmäßigkeit der Auslastung ist das Genre der Filme. Sie möchten eine Aussage je Genre über alle Filme und Standorte hinweg präsentieren und dazu Genres bzgl. geringer/mittlerer/hoher Gleichmäßigkeit der Auslastung kategorisieren. Dies möchten Sie dem Betreiber auch in einer kumulierten Sicht illustrieren.
e. In Ergänzung der Überlegungen aus Teil d) möchten Sie noch eine Aussage dazu machen können, ob man prinzipiell von einem Zusammenhang zwischen den Merkmalen „Genre" und „Auslastung" über alle Filme und Standorte hinweg ausgehen darf.

7.3 Hinweise und Lösung

7.3.1 Tangierte Themengebiete

- Häufigkeitsverteilungen für eindimensionale Verteilungen und deren tabellarische und grafische Aufbereitung
- Maßzahlen für eindimensionale Verteilungen
- Bivariate Analyse
- Statistische Parametertests
- Statistische Verteilungstests

7.3.2 Lösungsfördernde Strukturfragen

a. Wie ermitteln Sie die Kategorien für die aggregierte Sicht?
   Wie können Sie dazu aus den Rohdaten die Häufigkeiten je Kategorie berechnen?
   Wie müssen Sie welche Häufigkeitswerte je Kategorie weiter aufbereiten, um angeben zu können, welcher Anteil an Filmen nur mit bis zu $x\%$ ausgelastet war?
   Bei welcher entsprechenden Zahl $x\%$ kann man dann eine Mittelwertkennzahl herleiten?
b. Welches Merkmal mit welcher Kennzahl wird hier fokussiert?
   Genügt die Berechnung einer einzelnen Kennzahl zur Beantwortung der Fragen?
   Handelt es sich um einen statistischen Test? Wenn ja:
   - Liegen eine oder zwei Stichproben zugrunde?
   - Auf welche Parameter geht der statistische Test?

   Welche Verteilungsannahmen können Sie anhand der Gegebenheiten treffen, welche müssen Sie ggf. explizit überprüfen?
   Falls Sie eine Verteilungsprämisse überprüfen müssen: Ist die Ausgangskonstellation aus Teil a) hierfür geeignet, oder muss es noch Anpassungen geben?
c. Analog Teil b)
d. Mit welcher Kennzahl ermitteln Sie relative Schwankungswerte zum Zweck der Vergleichbarkeit?
   Welche Interpretation ermöglicht diese Kennzahl? Welche Kategorien können Sie hieraus ableiten?
   Wie müssen Sie welche Häufigkeitswerte je Kategorie weiter aufbereiten, um angeben zu können, welcher Anteil von Genres zumindest eine geringe/mittlere/hohe Gleichmäßigkeit der Auslastung realisiert?
e. Welche Merkmale sind relevant?
   Welche Skalenniveaus weisen die Merkmale auf?
   Wird nach einer Ursache-Wirkungsbeziehung (Dependenzanalyse) oder nach einem generellen Zusammenhang gefragt?
   Sollen paarweise Beziehungen beleuchtet werden?
   Benötigen Sie zur Beantwortung Ihrer Fragen einen funktionalen Zusammenhang oder genügt die Angabe einer einzelnen Kennzahl?
   Wie können Sie den Wert der Kennzahl interpretieren bzw. den hieraus vermuteten Zusammenhang, sofern bestätigt, im Detail weiter analysieren?

7.3.3 Benötigte statistische Methoden

a. Klassierte Häufigkeitsverteilung
   Relative Summenhäufigkeit
   (Approximierende) Verteilungsfunktion für ein Merkmal (vgl. Duller 2013, S. 82).
   Median – abzulesen an der Verteilungsfunktion.

b. Test auf Normalverteilung für die Auslastung am Standort A
   Ein – Stichproben – Test für die Varianz
c. Test auf Normalverteilung für die Auslastung am Standort C (Prüfung für die Auslastung am Standort A ist bereits in Teil b) erfolgt).
   Zwei – Stichproben – Test auf Gleichheit von Varianzen
d. Variationskoeffizient, Kategorisierung in geringe/mittlere/starke relative Schwankung mit relativer Häufigkeit je Kategorie.
   Konzentrationskurve aus den vier Punkten (0, 0), (1, 1) sowie zwei weiteren, wie folgt zu konstruierenden Punkten:
   x1-Wert: Relative Summenhäufigkeit der Objekte mit bis zu geringer relativer Streuung, y1-wert: 0,1
   x2-Wert: Relative Summenhäufigkeit der Objekte mit bis zu mittlerer relativer Streuung, y2-wert: 0,25
e. Klassierte Häufigkeitsverteilung für das metrische Merkmal „Auslastung", Zuordnung Klasseninformation für jeden Datensatz.
   Durchführung einer Kontingenzanalyse auf Grundlage dieser Klasseninformation und des Merkmals „Genre".
   Bedingte relative Häufigkeiten für die Detailanalyse der etwaigen Abhängigkeit.

7.3.4 Umsetzung in Excel

a. Klassierte Häufigkeitsverteilung für das Merkmal „Auslastung" (Datenanalyse – Histogramm) mit vorangegangener Bestimmung von Minimum- und Maximumwert je Standort mittels Pivot-Tabelle und zugehörige Verteilungsfunktion je Standort (Liniendiagramm).
b. Rückgriff auf die klassierte Häufigkeitsverteilung für das Merkmal „Auslastung" (Datenanalyse – Histogramm) aus dem vorangegangen Teil zur Durchführung des Verteilungstests. Dabei können folgende Excel-Funktionen genutzt werden:
   NORM.VERT, um die erwarteten Wahrscheinlichkeiten für die Klassenbereiche zu berechnen. Die dazu nötige Vorarbeit der Schätzung von Mittelwert und Standardabweichung kann über eine Pivot-Tabelle oder mit den Funktionen MITTELWERT bzw. STABW.S bewältigt werden.
   CHIQU.VERT.RE, um das Grenzrisiko (Irrtumswahrscheinlichkeit) für die fälschliche Ablehnung der Nullhypothese (es liegt eine Normalverteilung vor) zu bestimmen. Sofern das Grenzrisiko vorab spezifiziert werden konnte, ist alternativ auch die Funktion CHIQU.INV nutzbar.
   Im Test für die Varianz Rückgriff auf die Funktion CHIQU.VERT, um das Grenzrisiko (Irrtumswahrscheinlichkeit) für die fälschliche Ablehnung der Nullhypothese zu bestimmen. Alternativ ist CHIQU.INV nutzbar, sofern das Grenzrisiko vorab spezifiziert werden konnte.

7.3 Hinweise und Lösung 109

c. Die Hilfsmittel für den Test auf Normalverteilung für das Merkmal je Gruppe (Standort A, Standort C) sind analog zu denen aus Teil b).
Im Test auf die Varianzgleichheit Rückgriff auf die Funktion F.VERT, um das Grenzrisiko (Irrtumswahrscheinlichkeit) für die fälschliche Ablehnung der Nullhypothese (Gleichheit der Varianzen) zu bestimmen. F.INV wird genutzt, um die Tendenz bei einem beliebig vorgegebenem Grenzrisiko zu erkennen.

d. Pivot-Tabelle zur Berechnung von Mittelwert und Standardabweichung der Auslastung je Genre.
Berechnung Variationskoeffizient mit eigenerstellter Formel.
Häufigkeitstabelle auf Grundlage einer manuellen Zuordnung der Schwankungskategorie je Genre und einer darauf abgestellten Pivot-Tabelle. Alternative: Direkt mit dem Variationskoeffizienten über „Daten – Datenanalyse – Histogramm" mit Vorgabe der Obergrenzen 0,1/0,25/1.
Liniendiagramm für die Konzentrationskurve.

e. Klassierte Häufigkeitsverteilung für das metrische Merkmal „Auslastung" über „Daten – Datenanalyse – Histogramm". Hinzufügen einer zusätzlichen Spalte für den Eintrag der Klasseninformation.
Pivot-Tabelle zur Ermittlung der zweidimensionalen Häufigkeitsverteilung für die Merkmale „Klasse_Auslastung" und „Genre" als Grundlage der selbst zu erstellenden Formeln für die Kontingenzanalyse.
Für den abschließenden Signifikanztest kommen die Funktionen „ANZAHL2" und „CHIQU.VERT.RE" zum Einsatz.

7.3.5 Erläuterungen zur Lösung

a. Für die Anlage der Pivot-Tabelle werden die Merkmale „Standort" (Spalte A) und „Auslastung" (Spalte B) aus dem Tabellenblatt „Rohdaten" in ein gesondertes Tabellenblatt kopiert und die entsprechenden Spalten im Dialog „PivotTable erstellen" im Bereich „Tabelle oder Bereich auswählen" eingetragen (vgl. Abschn. 2.2.1).
Abb. 7.1 zeigt die konkreten Einstellungen für die Pivot-Tabelle und das Ergebnis zur Bestimmung der Minimum- und Maximum-Werte zur „Auslastung" je Standort.
Auf dieser Grundlage werden anschließend unter Berücksichtigung der Vorgabe von 5er-Schritten die Klassenobergrenzen festgelegt; für den Standort A z. B. beginnend mit einer Obergrenze von 65.
Für die sich aus den klassierten Häufigkeitsverteilungen (Datenanalyse – Histogramm) ergebenden Werten werden die relativen Summenhäufigkeiten berechnet (vgl. Abb. 7.2 oben) und hiermit wiederum die Verteilungsfunktion als Liniendiagramm dargestellt (vgl. Abb. 7.2 unten). Die relativen Klassensummenhäufigkeiten werden dabei jeweils der Klassenobergrenze zugeordnet, da man sich ohne Rückgriff auf die Rohdaten erst in diesem Punkt sicher sein kann, dass dann alle Beobachtungen der Klasse erreicht wurden. Im Liniendiagramm werden die Datenpunkte mit geraden Linien verbunden,

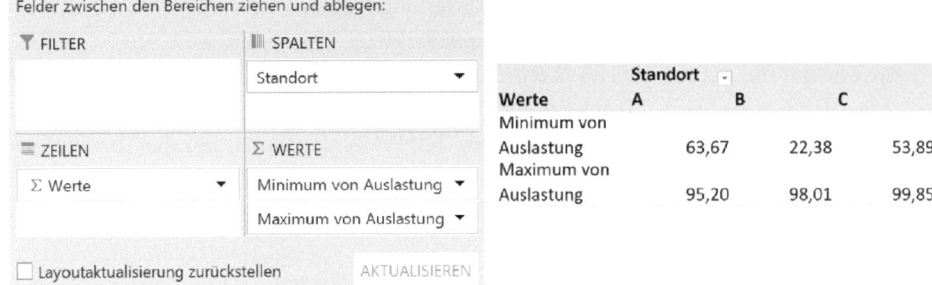

Abb. 7.1 Einstellung und Ergebnis Pivot-Tabelle zur Maximum- bzw. Minimumbestimmung

was einer linearen Approximation für den Zwischenbereich zwischen den Klassengrenzen entspricht.

Auf dieser Grundlage kann dann auch der Median als Mittelwertkennzahl bestimmt werden. Er befindet sich in der Klasse, in welcher die relative Klassensummenhäufigkeit den Wert 0,5 erreicht.

Abb. 7.2 Klassierte Daten und Verteilungsfunktion für Auslastung an Standort A

Klasse	Obergrenze	Häufigkeit	Rel. Häufigkeit	Rel. Summenhäufigkeit
1	65	1	0,0067	0,0067
2	70	3	0,0200	0,0267
3	75	20	0,1333	0,1600
4	80	48	0,3200	0,4800
5	85	51	0,3400	0,8200
6	90	21	0,1400	0,9600
7	95	4	0,0267	0,9867
8	100	2	0,0133	1,0000
	und größer	0		
	Summe	150	1	

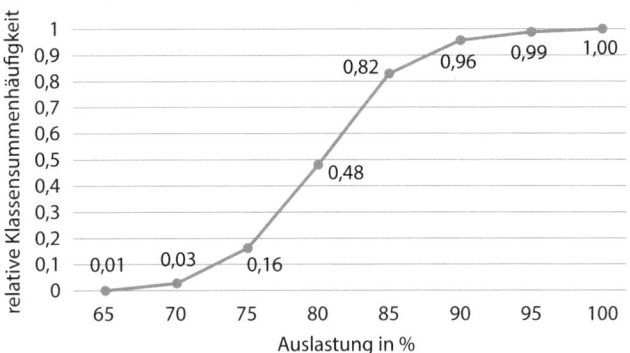

- Für Standort A: Klasse zwischen 80 und 85 % Auslastung
- Für Standort B: Klasse zwischen 75 und 80 % Auslastung
- Für Standort C: Klasse zwischen 80 und 85 % Auslastung

Um analytisch den Funktionswert $F(x)$ für einen x-Wert innerhalb einer der Klassen zu bestimmen (approximieren), lässt sich die Punkt-Steigungsform einer Gerade wie folgt nutzen (mit UG_k als Untergrenze der k-ten Klasse):

$$F(x) = F(UG_k) + \left(\frac{F(UG_{k+1}) - F(UG_k)}{UG_{k+1} - UG_k} \right) \cdot (x - UG_k)$$

Ein konkretes Beispiel für Standort A und $x = 78$ (d. h. $k = 4$) ergibt dann den Wert 0,352. Das heißt 35,2 % der Filme haben eine Auslastung von bis zu 78 %. Folglich haben 64,8 % der Filme eine Auslastung von über 78 %. Mit festem x lässt sich damit ein Vergleich über die Standorte durchführen.

Um eine korrekte, vergleichende Darstellung der Verteilungsfunktionen der Standorte in einem Diagramm zu erhalten, muss mit einem gemeinsamen Wertebereich auf der x-Achse gearbeitet werden. Dieser resultiert aus der Vereinigungsmenge. Für Standorte, die zu einem konkreten x-Wert noch dem Wert 0 vorweisen, wird der y-Wert im Datentupel leer gelassen. Der Wert 0 wäre zwar korrekt, würde aber die grafische Darstellung unübersichtlicher machen und damit die vergleichende Interpretation erschweren.

b. Detaillierte Erläuterungen zur Lösung sind in der zugehörigen Excel-Datei vermerkt. Hier werden nur punktuelle Aspekte gesondert hervorgehoben.

Die Schätzung von Mittelwert und Standardabweichung zum Merkmal „Auslastung" je Standort als Grundlage für die Verwendung von NORM.VERT erfolgt über eine Pivot-Tabelle (vgl. Abb. 7.3). Die Werte des hier benötigten Standorts A sind durch Schattierung hervorgehoben.

Zur Anwendung des Chi-Quadrat-Verteilungstests auf Normalverteilung ist eine Mindestanzahl von 5 Beobachtungen bei den erwarteten absoluten Häufigkeiten je Klasse erforderlich (vgl. Pulham 2011, S. 154; Bleymüller und Weißbach 2015, S. 158). Die Berechnung erfolgt über die Gesamtzahl der Beobachtungen n multipliziert mit der bei Vorliegen der unterstellten Normalverteilung erwarteten Wahrscheinlichkeit für dieses

Auslastung	Mittelwert	Standardabweichung (Stichprobe)
A	80,523	5,473
B	77,762	12,064
C	80,185	8,812

Abb. 7.3 Mittelwerte und Standardabweichung für Auslastung je Standort mit Pivot-Tabelle

Intervall. In der Klassierung von Teil a) ist dies nicht erfüllt. Stellt man die Formel entsprechend um, müssten die erwarteten Wahrscheinlichkeiten den Wert 0,03333 (= 5/n) überschreiten. Dies kann hier dadurch erreicht werden, dass die Klassen 1 bis 3 und 7 bis 8 zusammengefasst werden.

Um den Wert von SIG. zu bestimmen, genügt es, die Wahrscheinlichkeit dafür zu berechnen, dass in der Prüfgröße der aus den Stichprobendaten erhaltene Wert 0,726 (oder ein noch größerer Wert) auftritt. Dies wird entsprechend über die Funktion CHIQU.VERT.RE berechnet (Alternative: 1 − CHIQU.VERT; mit dem „kumuliert"-Parameter auf 1). Bei der Angabe der Freiheitsgrade sei darauf hingewiesen, dass diese sich aufgrund der Schätzung der Parameter für Erwartungswert und Standardabweichung um weitere zwei Einheiten reduzieren. Die Nullhypothese („Auslastung" am Standort A ist normalverteilt) könnte nur mit einer Irrtumswahrscheinlichkeit von 69,57 % abgelehnt werden. Daher kann man vom Vorliegen einer entsprechenden Normalverteilung ausgehen.

Im eigentlichen Test auf die Varianz wird in der Alternativhypothese verankert, dass sich der Varianzwert im Vergleich zu dem bisher als wahr unterstellten Wert von 28^2 verringert habe. Bei vorgegebener Irrtumswahrscheinlichkeit α muss zunächst als Vergleichswert $\chi^2_{m-1}(\alpha)$ herangezogen werden, da man diesen Wert für die Ablehnung der Nullhypothese unterschreiten müsste. Da dies hier der Fall ist, genügt es anschließend, um den Wert von SIG. zu bestimmen, die Wahrscheinlichkeit dafür zu berechnen, dass bei unterstellter Gültigkeit der Nullhypothese für die Prüfgröße der aus den Stichprobendaten erhaltene Wert 5,69 (oder ein noch kleinerer Wert) auftritt. Dies wird entsprechend über die Funktion CHIQU.VERT (mit dem „kumuliert"-Parameter auf 1 für die Verteilungsfunktion) berechnet.

Im vorliegenden Fall kann man bei einem SIG. von $1,46 \cdot 10^{-76}$ davon ausgehen, dass sich die Auslastung am Standort A nun gleichmäßiger verhält.

c. Detaillierte Erläuterungen zur Lösung sind in der zugehörigen Excel-Datei vermerkt. Hier werden nur punktuelle Aspekte gesondert hervorgehoben.

Der Test auf Normalverteilung für Standort A wurde bereits in Teil b) durchgeführt. Für den Test auf Normalverteilung für Standort C kann auf die Aussagen aus Teil b) verwiesen werden. Die Schätzwerte für Erwartungswert und Standardabweichung können ebenso aus der bereits in Teil b) erstellten Pivot-Tabelle entnommen werden. Bei Standort C genügt es, die Klassen 1 bis 3 zusammenzufassen. Die Nullhypothese („Auslastung" am Standort C ist normalverteilt) könnte nur mit einer Irrtumswahrscheinlichkeit von 44,78 % abgelehnt werden. Daher kann man vom Vorliegen einer entsprechenden Normalverteilung ausgehen.

Im eigentlichen Test auf die Gleichheit von Varianzen folgt die Verteilung der Prüfgröße einer F-Verteilung. In der vorliegenden zweiseitigen Testform ($H_0: \sigma_1^2 = \sigma_2^2$, $H_1: \sigma_1^2 \neq \sigma_2^2$) müsste zur Ablehnung der Nullhypothese der Wert der Prüfgröße einen unteren Quantilswert der gegebenen F-Verteilung unterschreiten, oder einen oberen Quantilswert überschreiten. Zur abschließenden Berechnung von SIG. muss vorab eine Tendenz ausgemacht werden, ob man sich eher an der unteren oder an der oberen Grenze bewegt. Dazu kann ein beliebiger Wert für α vorgegeben werden. In unserem Fall sehen wir, dass mit dem Wert der Prüfgröße aus den Stichprobendaten eher die untere Grenze unterschritten werden könnte (für ein α von 0,05 wäre das bereits realisiert).

Insofern ist die Wahrscheinlichkeit dafür zu berechnen, dass bei unterstellter Gültigkeit der Nullhypothese für die Prüfgröße der aus den Stichprobendaten erhaltene Wert 0,39 (oder ein noch kleinerer Wert) auftritt. Dazu kann der Wert der Verteilungsfunktion der F-Verteilung an der Stelle des Prüfgrößenwertes herangezogen werden. Da wir damit bei Vorliegen eines zweiseitigen Tests die Risikofläche aber nur auf einer Seite spezifizieren, muss der so erhaltene Wert noch einmal verdoppelt werden.

Im vorliegenden Fall beträgt das Risiko für das fälschliche Verwerfen des Sachverhaltes, dass die Varianzen in beiden Gruppen gleich seien, faktisch 0. Insofern dürfen wir schließen, dass sich die Varianzen der Auslastung der Standorte A und C signifikant unterscheiden.

d. Für die Anlage der Pivot-Tabelle werden die Merkmale „Genre" (Spalte A) und „Auslastung" (Spalte B) aus dem Tabellenblatt „Rohdaten" in ein gesondertes Tabellenblatt kopiert und die entsprechenden Spalten im Dialog „PivotTable erstellen" im Bereich „Tabelle oder Bereich auswählen" eingetragen (vgl. Abschn. 2.2.1).

Mittels der Pivot-Tabelle werden Mittelwerte und Standardabweichungen zur „Auslastung" je Genre bestimmt. Einstellung vgl. Abb. 7.4 links, Ergebnis vgl. Abb. 7.4 rechts.

Schwankung je Genre in gering/mittel/stark (vgl. in Abb. 7.4 die beiden Spalten ganz rechts) vorgenommen. Die Häufigkeitstabelle (relative Werte) für die relative Schwankung wird anhand einer weiteren Pivot-Tabelle, die nur auf die hinzugefügte Spalte zur Kategorisierung („Relative Schwankung") abstellt, berechnet. Alternativ kann dies über die hinzugefügte Spalte „Variationskoeffizient" und die Menüfolge „Daten – Datenanalyse – Histogramm" mit Vorgabe der Obergrenzen 0,1/0,25/1 erfolgen.

Als Grundlage der Konzentrationskurve sind hieran anschließend die relativen Summenhäufigkeiten zu berechnen.

Die Kurve selbst wird auf Grundlage einer Hilfstabelle mit der Darstellung der folgenden Kurvenpunkte als Liniendiagramm abgebildet:
- Punkte (0, 0) und (1, 1)
- Punkt mit x-Wert aus der relativen Summenhäufigkeit bis einschließlich „geringer relativer Streuung" und dem y-Wert 0,1.
- Punkt mit x-Wert aus der relativen Summenhäufigkeit bis einschließlich „mittlerer relativer Streuung" und dem y-Wert 0,25.

Je näher die Konzentrationskurve an der Abszisse verläuft, umso höher ist der Anteil von Elementen mit geringer relativer Streuung. Im vorliegenden Fall verläuft die Kurve recht nahe an der Abszisse, was auch darauf zurückzuführen ist, dass es kein Element mit einer hohen relativen Streuung gab (vgl. Abb. 7.4 sowie Abb. 7.5).

			Mittelwert	Standardab-		
▼ FILTER		▦ SPALTEN				
		Σ Werte ▼	Zeilenbe-	von	weichung	Variations- Relative
			schriftungen	Auslastung	(Stichprobe)	koeffizient Schwankung
			Action	79,2109	7,4517	0,0941 gering
▤ ZEILEN		Σ WERTE	Drama	79,0503	12,7704	0,1615 mittel
Genre	▼	Mittelwert von Auslastung ▼	Komödie	80,8006	6,9445	0,0859 gering
		Standardab-weichung (St... ▼	Krimi	77,9488	9,5520	0,1225 mittel
			Thriller	80,4396	8,2493	0,1026 mittel

Abb. 7.4 Mittelwerte und Standardabweichung für Auslastung je Genre mit Pivot-Tabelle

e. Als Grundlage werden die Merkmale „Genre" (Spalte A), „Standort" (Spalte B) und „Auslastung" (Spalte C) aus dem Tabellenblatt „Rohdaten" in ein gesondertes Tabellenblatt kopiert.
Erstellen einer klassierten Häufigkeitsverteilung für das metrische Merkmal „Auslastung" für den Wertebereich 25 bis 100 in 5er-Schritten analog zu den vorangegangenen Klassierungen zu dieser Problemstellung, insbesondere in Teil a). Das Eintragen der Klasseninformation in der zusätzlichen Spalte „Klasse_Auslastung" (Spalte D) erfolgt manuell[1].
Anschließend erfolgt die Anlage einer Pivot-Tabelle zur Erstellung der zweidimensionalen Häufigkeitsverteilung von „Genre" und „Klasse_Auslastung" mit den Einstellungen gemäß Abb. 7.6.
Die bei Unabhängigkeit der Merkmale erwarteten absoluten Häufigkeiten werden anschließend mit selbsterstellten Formeln in einer analog strukturierten zweidimensionalen Häufigkeitstabelle von „Genre" und „Klasse_Auslastung" berechnet.
Hier sollen für die nachfolgende Testdurchführung alle Zellen Werte ≥ 5 aufweisen (vgl. z. B. Bleymüller und Weißbach 2015, S. 163; Kronthaler 2016, S. 197). Daher müssen in der aktuellen Klassierung die Klassen 1 bis 9 sowie die Klassen 15 und 16

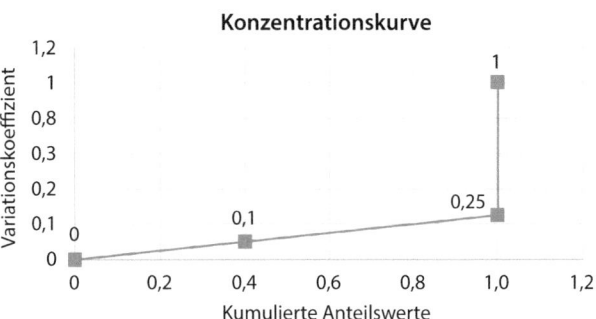

Abb. 7.5 Konzentrationskurve zur relativen Schwankung der Auslastung

---
[1] Nach Sortierung der Datensätze nach „Auslastung" in diesem Tabellenblatt ist dies im Vergleich zur Verwendung von SVERWEIS der praktikablere Weg.

Abb. 7.6 Einstellungen für zweidimensionale Häufigkeitsverteilung mit Genre und Auslastungsklasse

zusammengefasst werden. Die Zuordnung wird analog wie oben in einer neuen Spalte „Klasse_Auslastung_Aggr" (Spalte E) aufgeführt.

Die Summanden der Chi-Quadrat-Größe, deren Summation sowie die Berechnung des korrigierten Kontingenzkoeffizienten erfolgen entsprechend der Berechnungsformeln (vgl. Abschn. 2.2.6) mit selbsterstellten Excel-Formeln.

Das Ergebnis von $K^* = 0{,}291$ zeigt nur einen schwachen Zusammenhang zwischen „Auslastung" und „Genre". Das heißt, man kann nicht davon ausgehen, dass bestimmte Genres einen besseren Auslastungswert als andere aufweisen. Das berechnete Signifikanzniveau SIG. für die Ablehnung der Nullhypothese ($K^* = 0$), ist faktisch obsolet. SIG. von 11,07 % entspricht der Wahrscheinlichkeit dafür, dass in der Prüfgröße der aus den Stichprobendaten erhaltene χ^2-Wert 32,69 (oder ein noch größerer Wert) auftritt. Dies wird entsprechend über die Funktion CHIQU.VERT.RE berechnet.

Auch eine der Vollständigkeit halber noch durchgeführte Analyse der relativen bedingten Häufigkeitsverteilungen zeigt auch punktuell gesehen kaum Unterschiede in der „Auslastung" in Bezug auf das „Genre". Es zeigen sich kaum Unterschiede in den zeilenbezogenen (spaltenbezogenen) Werten untereinander und auch nicht zum jeweiligen Randverteilungswert. Am ehesten sticht noch hervor, dass das Genre „Drama" in den Klassen 1_9 und 15_16 überdurchschnittliche Anteilswerte aufweist.

Literatur

Bleymüller J, Weißbach R (2015) Statistik für Wirtschaftswissenschaftler, 17. Aufl. Vahlen, München

Duller C (2013) Einführung in die Statistik mit EXCEL und SPSS, 3. Aufl. Springer Gabler, Berlin Heidelberg

Kronthaler F (2016) Statistik angewandt, 1. Aufl. Springer Spektrum, Berlin Heidelberg

Pulham S (2011) Statistik leicht gemacht. Gabler, Wiesbaden

Fallstudie Qualitätsmanagement Automobilzulieferer

8.1 Beschreibung der Ausgangslage

Ein Automobilzulieferer erhält für seine Teilefamilie per Abruf taktgenaue Bestellungen zur 3-Schicht-Anlieferung an das Band des Automobilherstellers (OEM). Wenn es eine Beanstandung zu einer Lieferung gab, wird der Abrufdatensatz erneut übertragen, wobei alle Informationen bis auf den, die Beanstandung indizierenden, n. i. O.-Kenner unverändert sind. Der Zulieferer muss dieses Qualitätsfeedback künftig eigenständig überwachen und ggf. entsprechende Maßnahmen einleiten. Sie verfügen über die Abrufdaten von 7 Arbeitstagen mit Datums- und Uhrzeitangabe.

Im Einzelnen sind in jedem der Datensätze die folgenden Fakten enthalten:

- Laufende Nummer (Spalte A): Eindeutige interne Nummer
- Takt (Spalte B): Eindeutige Abrufidentifikation
- n. i. O.-Kenner (Spalte C): Information, ob es eine Beanstandung zur Belieferung des Abrufs gab. Es werden folgende Ausprägungen unterschieden:
  - 0: keine Beanstandung
  - 1: Beanstandung. Dies kann die Funktion oder die Form der Lieferung (z. B. korrekte Sequenzposition) des Lieferteils betreffen. Hierzu erfolgt aber keine weitere Differenzierung.
- Abrufdatum (Spalte D): Datum des Abrufs
- Abrufuhrzeit (Spalte E): Uhrzeit des Abrufs
- Schicht (Spalte F): Differenzierung der Arbeitsschicht mit den Ausprägungen
  - F: Frühschicht (06:00–14:00)
  - S: Spätschicht (14:00–22:00)
  - N: Nachtschicht (22:00–06:00)
- Dauer (Spalte G): Interne Produktions- und Handlingsdauer für das Lieferteil. Gemessen vom Zeitpunkt des Abrufeingangs bis zum Zeitpunkt der Lieferbereitschaft.

8.2 Fragestellungen

a. Sie möchten sich zunächst einen Überblick über die Anzahl und den Anteil der n. i. O.-Lieferungen verschaffen – und zwar insgesamt über alle Datensätze und dann detailliert nach Datum.
b. Sie müssen selbst stichprobenartig die Qualität und die Korrektheit der Lieferposition überprüfen und einen entsprechenden Nachweis führen. Als Anhaltspunkt soll Ihnen dazu eine empirische Wahrscheinlichkeit für das Auftreten eines n. i. O.-Teils („Eintrittswahrscheinlichkeit") je „Abrufdatum" dienen. Je nach Höhe entscheidet sich die Prüfungsfrequenz und die Größe der Stichprobe für die Prüfung. Wie entwickelte sich Ihre Kennzahl über die Ihnen zur Verfügung stehenden Arbeitstage?
c. Bei den aktuellen Kennzahlen sollen Sie 20 Teile zufällig auswählen[1] und diese prüfen. Wenn ein n. i. O.-Teil dabei gefunden wird, muss dieses korrigiert und eine Prozess- sowie Maschinenprüfung im laufenden Betrieb erfolgen. Von der Geschäftsleitung haben Sie zusätzlich die Anweisung, dass wenn die Wahrscheinlichkeit, überhaupt n. i. O.-Teile in der Stichprobe zu haben, den Wert 0,2 übersteigt, Sie weitere 10 Teile prüfen sollen. An welchen Tagen wäre dies, beginnend mit der Betrachtung des zweiten vorliegenden Arbeitstages, der Fall gewesen? Die Vorgabe besagt, dass Sie jeweils mit der Eintrittswahrscheinlichkeit des Vortages rechnen müssen, weil der Wert für den betrachteten Tag noch nicht bekannt ist. Wie entwickelte sich dieser Wert über die Ihnen zur Verfügung stehenden Arbeitstage? Zu welcher trügerischen Sicherheit führt dies zumindest an einzelnen Tagen? Welche Alternative schlagen Sie vor?
Zur besseren Kommunikation möchten Sie die Wahrscheinlichkeitsverteilung für die Anzahl von n. i. O.-Teilen für den 09.11. visualisieren.
Außerdem möchten Sie eine Aussage dazu liefern, wie viele n. i. O.-Teile Sie datumsbezogen im Durchschnitt in Ihren Stichproben erwarten.
Wenn die Wahrscheinlichkeit dafür, mindestens 2 und höchstens 4 n. i. O.-Teile in der Stichprobe zu haben, den Wert 0,05 übersteigt, sollen Sie nochmals weitere 10 Teile prüfen. An welchen Tagen wird dies für Sie relevant?
Zur Beruhigung der Vorgesetzten möchten Sie unter Vorgabe eines sehr geringen Wahrscheinlichkeitswertes (z. B. 0,2 %) aufzeigen, dass am 10.11. nur mit dieser Wahrscheinlichkeit die daraus berechenbare Anzahl von n. i. O.-Teilen überschritten wird.
Legen Sie beispielhaft für den 10.11. die Stichprobengröße fest, um aufgrund der Grundlagendaten mit einer Wahrscheinlichkeit von mindestens 0,35 überhaupt n. i. O.-Teile zu finden.
d. Ihre Geschäftsleitung ist soweit zufrieden mit Ihrem Vorgehen. Allerdings hätte man gerne aus den vorliegenden Daten eine Aussage darüber, wie wahrscheinlich es ist, während einer 8-Stunden Schicht (differenziert nach Früh (F), Spät (S), Nacht (N))

---

[1] Wobei alle bereitgestellten Teile die gleiche Wahrscheinlichkeit haben, gezogen zu werden, und Sie vor jedem Auswahlvorgang dieselbe Ausgangssituation vorfinden.

mindestens ein fehlerhaftes Teil zu produzieren. Wie gehen Sie zur Ermittlung vor? Geben Sie differenziert für F, S und N an, wie wahrscheinlich es ist, innerhalb des Zeitraums von 8 h einer Schicht genau bzw. mindestens 1 fehlerhaftes Teil zu produzieren.

e. Bisher hat man dem OEM einen n. i. O.-Anteilswert von maximal 1 % garantiert. Kann man dies vor dem Hintergrund des aktuellen Stichprobenergebnisses auch weiterhin halten, wenn Sie dabei nur ein Risiko von 0,5 % eingehen möchten?

f. Für die interne Prozessoptimierung ist es der Geschäftsleitung wichtig, dass die Produktions- und Handlingsdauer („Dauer"), die für die Erledigung eines Abrufes benötigt wird, möglichst gering ist. Zur Festlegung der je Schicht benötigten Mitarbeiteranzahl möchten Sie auf Grundlage der aktuellsten komplett vorliegenden Schichten wissen, wie sich diese Dauer durchschnittlich gestaltet und mit welcher Wahrscheinlichkeit die durchschnittliche Dauer über 9 Minuten hinausgeht.
Wie ist die durchschnittliche Abweichung bezogen auf die durchschnittliche Dauer einzuordnen?
Mit welcher durchschnittlichen Dauer müssen Sie in der Spätschicht rechnen, wenn Sie höchstens ein Risiko von 1 % tragen möchten, darüber hinauszugehen?

8.3 Hinweise und Lösung

8.3.1 Tangierte Themengebiete

- Häufigkeitsverteilungen
- Wahrscheinlichkeitsbegriffe und -verteilungen
- Statistische Parametertests

8.3.2 Lösungsfördernde Strukturfragen

a. Welches Merkmal ist relevant? Welches Merkmal müssen Sie zur weiteren Differenzierung hinzunehmen?
b. Wie ermitteln Sie die Eintrittswahrscheinlichkeit für das Auftreten eines n. i. O.-Teils anhand des „empirischen" bzw. „statistischen" Wahrscheinlichkeitsbegriffs (vgl. Bleymüller und Weißbach 2015, S. 35)? Wie können Sie die Veränderungen der Eintrittswahrscheinlichkeit über die zur Verfügung stehende Historie darstellen?
c. Welche diskrete Wahrscheinlichkeitsverteilung können Sie zur Berechnung der benötigten Wahrscheinlichkeitswerte heranziehen? Welchen Parameterwert benötigen Sie hierfür, und wie setzen Sie diesen im vorliegenden Fall?
Wie können Sie die Veränderungen der zu berechnenden Wahrscheinlichkeitswerte über die zur Verfügung stehende Historie darstellen?

Wie können Sie die diskrete Wahrscheinlichkeitsverteilung für ein vorgegebenes Datum visualisieren?
Welche Kennzahlenwerte nimmt Ihre diskrete Wahrscheinlichkeitsverteilung an?
Wie können Sie mehrere Wahrscheinlichkeitswerte Ihrer Wahrscheinlichkeitsverteilung kumulieren? Wie können Sie unter Vorgabe einer kumulativ zu erreichenden Wahrscheinlichkeit den zugehörigen x-Wert berechnen?
Wie lösen Sie die Wahrscheinlichkeitsfunktion nach der Anzahl der Versuche auf?

d. Welche diskrete Wahrscheinlichkeitsverteilung können Sie zur Berechnung der benötigten Wahrscheinlichkeitswerte heranziehen? Welchen Parameterwert benötigen Sie hierfür, und wie setzen Sie diesen im vorliegenden Fall?
Beachten Sie, dass Sie die Datensätze nur insoweit einbeziehen sollten, wie pro Datum und Schicht der komplette Zeitraum der Schicht im Datenset vorliegt.

e. Welches Merkmal wird fokussiert?
Genügt die Berechnung einer einzelnen Kennzahl zur Beantwortung der Fragen?
Handelt es sich um einen statistischen Test? Wenn ja:
- Liegen eine oder zwei Stichproben zugrunde?
- Auf welche Parameter geht der statistische Test?

Welche Verteilungsannahmen können Sie anhand der Gegebenheiten treffen, welche müssen Sie ggf. explizit überprüfen?

f. Welche stetige Wahrscheinlichkeitsverteilung können Sie zur Berechnung der benötigten Wahrscheinlichkeitswerte der Stichprobenfunktion heranziehen? Welche Parameterwerte benötigen Sie hierfür, und wie setzen Sie diesen im vorliegenden Fall?
Welche weiteren Kennzahlen benötigen Sie zur Beantwortung der Fragen?

8.3.3 Benötigte statistische Methoden

a. Absolute und relative Häufigkeitsverteilungen
b. Relative Häufigkeiten, Grafik zur Entwicklung der Eintrittswahrscheinlichkeiten im Zeitverlauf
c. Binomialverteilung mit der empirischen Eintrittswahrscheinlichkeit aus dem Teil b) als Wert für den Verteilungsparameter p.
Grafik zur Entwicklung der Wahrscheinlichkeitswerte im Zeitverlauf.
Grafik zur Visualisierung der Binomialverteilung.
Erwartungswert der Binomialverteilung
Summenwahrscheinlichkeit
Quantilswert
d. Poisson-Verteilung (alternativ ist auch die Binomialverteilung möglich) mit Durchschnittsparameter λ bezogen auf den Zeitraum von 8 h (Schicht).
e. Ein-Stichprobentest für den Anteilswert in Approximation der Prüfgröße durch die Normalverteilung.

Alternative (ohne Approximation): Testdurchführung mit der Binomialverteilung für den Anteilswert und Vorab-Festlegung des Signifikanzniveaus (in Anlehnung an das Beispiel aus Meißner und Wendler 2015, S. 342 ff.).
f. Stichprobenverteilung des arithmetischen Mittels
Zentraler Grenzwertsatz
Variationskoeffizient
Quantilswert

8.3.4 Umsetzung in Excel

a. Pivot-Tabellen
b. Quotienten auf Grundlage des Ergebnisses aus Teil a), Liniendiagramm
c. Funktion „BINOM.VERT"
Liniendiagramm zur Entwicklung der Wahrscheinlichkeitswerte im Zeitverlauf
Säulendiagramm zur Visualisierung der Binomialverteilung
Eigenerstellte Formeln zur Berechnung des Erwartungswertes
Funktionen „WAHRSCHBEREICH", „BINOM.INV", Funktion „LN".
d. Funktion „POISSON. VERT"
e. Im Wesentlichen müssen die Berechnungen durch eigenerstellte Formeln in Excel durchgeführt werden.
In diesen Formeln oder zur Berechnung von Teilergebnissen kann auf folgende Excel-Funktionen zurückgegriffen werden:
ANZAHL2, um die Anzahl der Elemente in der Stichprobe zu bestimmen. Alternative: Pivot-Tabelle.
ZÄHLENWENNS, um den Anteil der n. i. O.-Teile in der Stichprobe zu bestimmen. Alternative: Pivot-Tabelle.
NORM.S.VERT, NORM.S.INV
f. Funktionen „MITTELWERT", „STABW.S", „NORM.VERT", „NORM.INV" sowie selbsterstellte Formeln.

8.3.5 Erläuterungen zur Lösung

a. Für die Anlage der Pivot-Tabelle werden die benötigten Merkmale aus dem Tabellenblatt „Rohdaten" im Dialog „PivotTable erstellen" im Bereich „Tabelle oder Bereich auswählen" eingetragen (vgl. Abschn. 2.2.1).
Einstellung und Ergebnis der absoluten Häufigkeitsverteilung für das Merkmal „n. i. O.-Kenner" differenziert nach dem Merkmal „Abrufdatum" ist in Abb. 8.1 aufgezeigt.

8 Fallstudie Qualitätsmanagement Automobilzulieferer

▼ FILTER	‖ SPALTEN		Anzahl n.i.O.	Datum		
	Abrufdatum ▼		n.i.O.-Kenner	02.11.2016	03.11.2016	04.11.2016
			0	142	141	144
☰ ZEILEN	Σ WERTE		1	2	3	
n.i.O.-Kenner ▼	Anzahl n.i.O. ▼		Gesamt	144	144	144

Abb. 8.1 Einstellung und Ergebnis (Ausschnitt) Häufigkeitsverteilung als Pivot-Tabelle

Zur Darstellung der Häufigkeitsverteilung alleine für das Merkmal „n. i. O.-Kenner" ist die Randverteilung von „n. i. O.-Kenner" zu nutzen, oder das Merkmal „Abrufdatum" aus dem Bereich „SPALTEN" zu entfernen.

Zwischen absoluten und relativen (%-)Werten kann über das Kontextmenü der Pivot-Tabelle über den Eintrag „Werte anzeigen als" – „% des Spaltengesamtergebnisses" umgeschaltet werden. Alternativ kann die Pivot-Tabelle komplett kopiert werden, und mit der zweiten Einstellung separat illustriert werden.

b. Ausgehend von der Pivot-Tabelle aus Teil a) zur Darstellung der absoluten Häufigkeit von „n. i. O.-Teil" je „Abrufdatum" wird der absolute Häufigkeitswert durch die Spaltensumme dividiert. Auf dieser Grundlage wird das Liniendiagramm „Entwicklung Eintrittswahrscheinlichkeit im Zeitverlauf" angelegt (vgl. Abb. 8.2). Die Eintrittswahrscheinlichkeit bewegt sich in einem relativ schmalen Kanal zwischen 0 und 0,021. Auffällig ist der Wert 0 am 04.11., dem einzigen Datum ohne jegliche Beanstandung.

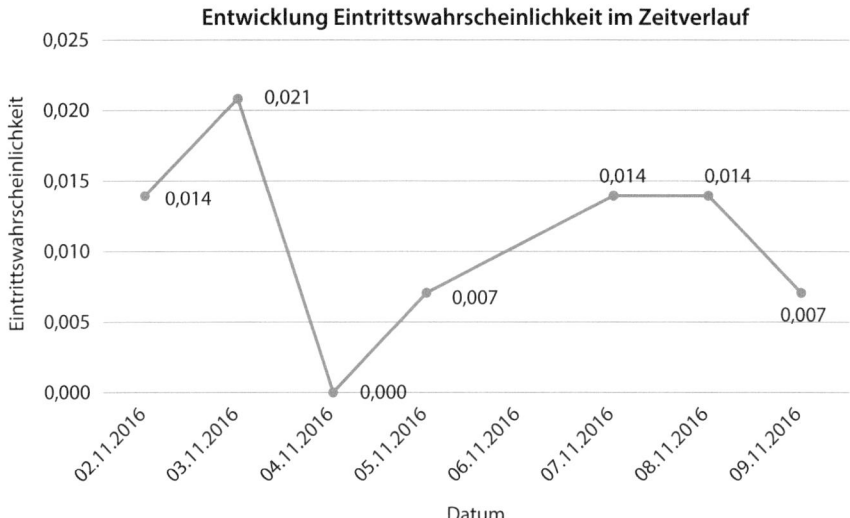

Abb. 8.2 Entwicklung Eintrittswahrscheinlichkeit n. i. O.-Teil im Zeitverlauf

c. Ausgangspunkt ist die Pivot-Tabelle analog zu Teil a).
Wahrscheinlichkeitsfunktion der Binomialverteilung:

$$f(x) = \binom{n}{x} \cdot p^x \cdot (1-p)^{n-x} \quad \text{für } x = 0, \ldots, n \tag{8.1}$$

mit n als Stichprobengröße (Anzahl der Züge, Entnahmen), p als der Eintrittswahrscheinlichkeit für das interessierende Ereignis (hier „Ziehen eines n. i. O.-Teils") bei einem Zug und $f(x)$ als der Wahrscheinlichkeit bei n Zügen das interessierende Ereignis genau x Mal vorzufinden (und $n-x$ Mal das entsprechende Gegenereignis, hier also „Ziehen eines i. O.-Teils").
Zugehörige Funktion in Excel: BINOM.VERT(Zahl_Erfolge; Versuche; Erfolgswahrsch, kumuliert) mit folgenden Bedeutungen für die Parameter:
- Zahl_Erfolge = x
- Versuche = n
- Erfolgswahrsch = p
- kumuliert (Wert 0 oder 1). Wobei für kumuliert = 0 der Wert der Wahrscheinlichkeitsfunktion $f(x)$, und für kumuliert = 1 der Wert der Verteilungsfunktion $F(x)$ angegeben wird.

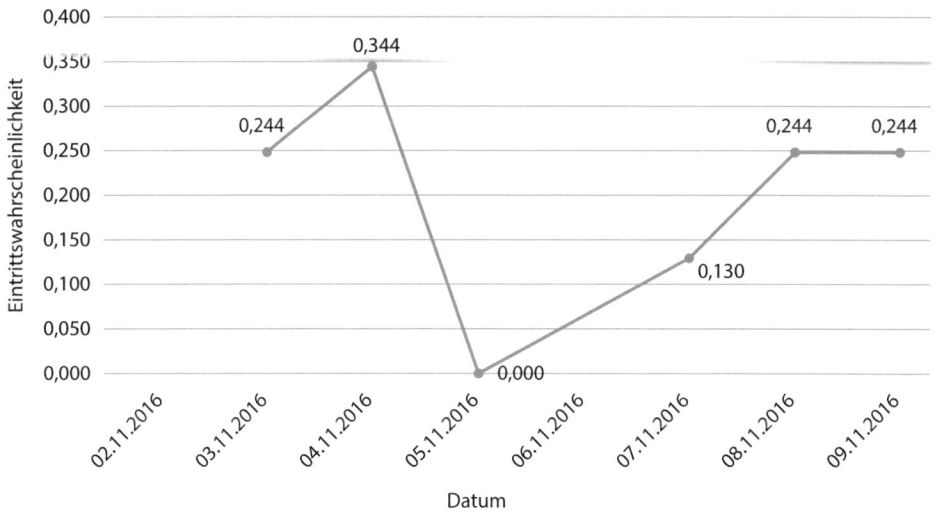

Abb. 8.3 Entwicklung Wahrscheinlichkeit für n. i. O.-Teile bei Stichprobengröße $n = 20$ im Zeitverlauf

Die Wahrscheinlichkeit dafür, überhaupt n. i. O.-Teile in der Stichprobe von $n=20$ zu haben, ergibt sich damit aus $f(1)+f(2)+\ldots+f(20)=1-f(0)$ und wird für jedes Datum ab dem 03.11. berechnet. Es müssten an allen Tagen außer dem 05.11. und dem 07.11. gemäß Vorgabe der Geschäftsleitung weitere 10 Teile geprüft werden. Die Visualisierung erfolgt mittels Liniendiagramm („Entwicklung Wahrscheinlichkeit für n. i. O.-Teile bei Stichprobengröße $n=20$ im Zeitverlauf", vgl. Abb. 8.3). Der Wahrscheinlichkeitswert bewegt sich in einem Kanal zwischen 0 und 0,344 und reproduziert prinzipiell den Verlauf der Eintrittswahrscheinlichkeit aus Teil b). Insofern sticht auch hier der Wert 0 (für den 05.11., abgeleitet aus der Eintrittswahrscheinlichkeit für den 04.11.) heraus.

Dies könnte zu dem voreiligen Schluss führen, dass am 05.11. keine Qualitätsprüfung nötig sei. Hierin wäre eine trügerische Sicherheit begründet. Denn, da die Daten in Wirklichkeit ja für den kompletten Zeitraum bekannt sind, wissen wir, dass es letztendlich am 05.11. auch ein n. i. O.-Teil gegeben hat. Als konservativere Alternativen könnten z. B. die Methoden der einseitigen gleitenden Durchschnitte oder des exponentiellen Glättens für die tagesbezogenen Eintrittswahrscheinlichkeiten (Parameter p) genutzt werden. In der Lösungsdatei wurde die zweite Methode mit Glättungsparameter 0,2 genutzt. Der Kanal wird dadurch (mit Werten zwischen 0,1949 und 0,2639) deutlich enger und die „Spitze nach unten" am 05.11. ausgeglichen (vgl. Abb. 8.4).

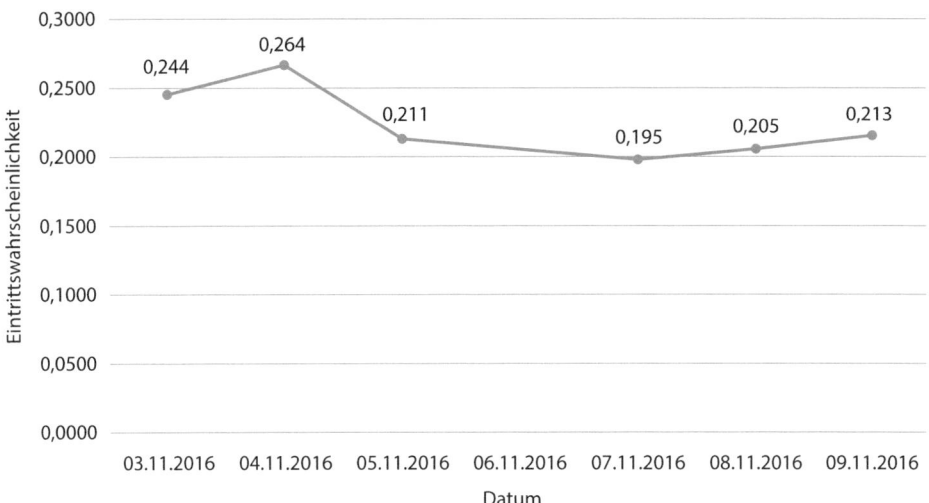

Abb. 8.4 Entwicklung exponentiell geglättete Wahrscheinlichkeit für n. i. O.-Teile bei Stichprobengröße $n=20$ im Zeitverlauf

8.3 Hinweise und Lösung

Zur Visualisierung der Binomialverteilung für den 09.11. wendet man die Funktion „BINOM.VERT" an und berechnet die Werte für $x=0$ bis $x=20$ in einer Hilfstabelle, und nutzt anschließend die Funktionswerte als Reihenwerte im Säulendiagramm.

Der Erwartungswert einer binomialverteilten Zufallsvariablen X ergibt sich mit $E(X) = p \cdot n$, der in Excel mit einer entsprechend selbst zu erstellenden Formel berechnet werden kann. In der Lösung ist dies für die datumsbezogenen Eintrittswahrscheinlichkeiten p umgesetzt. Allerdings sollte auch hier aus den o. g. Gründen auf das geglättete Pendant zurückgegriffen werden.

Mit der Funktion „Wahrschbereich" können die Wahrscheinlichkeitswerte für mehrere, zusammenhängende x-Werte kumuliert werden. Im Parameter „Beob_Werte" wird der Bereich der x-Werte markiert, im Parameter „Beob_Wahrsch" der Bereich der zugehörigen Wahrscheinlichkeitswerte. Der Parameter „Untergrenze" wird mit dem kleinsten einzubeziehenden x-Wert belegt, der optionale Parameter „Obergrenze" mit dem größten einzubeziehenden x-Wert. Alternativ können die Einzelwerte natürlich auch durch wiederholte Verwendung der Funktion „Binom.Vert" aufsummiert werden. Der vorgegebene Schwellwert wird unter Bezug auf die Daten vom 03.11. am 04.11. überschritten, so dass dann eine größere Anzahl von Teilen geprüft werden müsste.

Zur Berechnung eines, zu einer kumulativ zu erreichenden Wahrscheinlichkeit, zugehörigen x-Wertes steht die Funktion Binom.INV zur Verfügung. Der Parameter „Versuche" wird mit n und der Parameter „Erfolgswahrsch" mit p belegt. Der Parameter „Alpha" erhält die vorgegebene kumulativ zu erreichende Wahrscheinlichkeit. In der Lösung wird „Alpha" auf 0,998 gesetzt. Der Lösungswert ($x=2$) besagt dann, dass die Wahrscheinlichkeit $x=0$ oder $x=1$ oder $x=2$ n. i. O.-Teile in der Stichprobe von $n=20$ Elementen zu haben, 99,8 % beträgt. Im Umkehrschluss ist also die Wahrscheinlichkeit echt mehr als $x=2$ n. i. O.-Teile in der Stichprobe von $n=20$ Elementen zu haben, gleich 0,2 %.

Erläuterung zur Bestimmung der Stichprobengröße bei gegebener Eintrittswahrscheinlichkeit und der Vorgabe mit einer Wahrscheinlichkeit von 35 % in dieser Stichprobe ein n. i. O.-Teil zu finden ausgehend von Gl. 8.1 (in der Excel-Lösung wird lediglich der natürliche Logarithmus über die Funktion LN genutzt):

Zur Bestimmung der Stichprobengröße muss gelten:

$$1 - f(0) \geq 0{,}35$$

mit

$$f(0) = \binom{n}{0} \cdot 0{,}00694^0 \cdot (1 - 0{,}00694)^n = 1 \cdot 1 \cdot 0{,}99306^n$$

Das heißt:

$$0{,}65 \geq 0{,}99306^n \iff \ln 0{,}65 \geq \ln 0{,}99306^n \iff \ln 0{,}65 \geq n \cdot \ln 0{,}99306$$

$$\iff n \geq \frac{\ln 0{,}65}{\ln 0{,}99306} = 61{,}82$$

Hinweis: Durch die Division mit dem negativen Wert ln 0,99306 kehrt sich das Ungleichungszeichen um.

d. Ausgangspunkt ist die Pivot-Tabelle analog zu Teil b), wobei hier die Wertfeldeinstellung auf „Summe" geändert wird, da im Weiteren Bezug zur entsprechenden Zeilensumme genommen wird.

Im Fokus steht eine Wahrscheinlichkeitsaussage je Schicht ohne Differenzierung nach dem Tag. In Anwendung der Poisson-Verteilung lässt sich pro Schicht die Anzahl von n. i. O.-Teilen bestimmen und hieraus ein Durchschnittswert pro Schicht (mit Bezug zu einer Dauer von 8 h) bestimmen. Da für die Nachtschichten des 02.11. und des 09.11. jeweils die Daten nur anteilig bezogen auf die 8 h der kompletten Schicht vorliegen, sollten diese ausgeschlossen werden.

Wahrscheinlichkeitsfunktion der Poisson-Verteilung:

$$f(x) = \frac{\lambda^x}{x!} \cdot e^{-\lambda} \text{ für } \lambda > 0, x = 0, 1, \ldots$$

Mit λ als dem durchschnittlichen Wert des Eintretens des interessierenden Ereignisses (hier: Ziehen eines n. i. O.-Teils) in einem festen Zeitraum (hier: 8 h).

Zugehörige Funktion in Excel: Poisson.Vert(x; Mittelwert; kumuliert) mit folgenden Bedeutungen für die Parameter:

- $x = x$
- Mittelwert: λ
- kumuliert: analog zur Funktion „Binom.Vert"

Die durchschnittliche Anzahl der n. i. O.-Teile je Schicht ergibt sich dann durch die jeweilige schichtbezogene Summe dividiert durch die Anzahl der jeweiligen Schichten. Damit lässt sich je Schicht die Wahrscheinlichkeit, in den 8 h der Schicht genau ein n. i. O.-Teil zu produzieren, berechnen. Über die Wahrscheinlichkeit des Komplementärereignisses (in den 8 h einer Schicht kein n. i. O.-Teil zu produzieren; $f(0)$), kann dann die Wahrscheinlichkeit berechnet werden, in den 8 h der Schicht mindestens ein n. i. O.-Teil zu produzieren ($1 - f(0)$).

Bezogen auf genau ein n. i. O.-Teil schneidet die Spätschicht am besten und die beiden anderen Schichten in etwa gleich schlecht ab. Bezogen auf mindestens ein n. i. O.-Teil bleibt die Spätschicht beim kleinsten Wert, die Frühschicht schneidet aber nochmals schlechter als die Nachtschicht ab.

Dieselben Ergebnisse erhält man, wenn man statt mit der Poisson-Verteilung mit der Binomialverteilung mit einer Stichprobengröße von $n = 48$ pro Schicht rechnet, und aus der Anzahl der n. i. O.-Teile pro Datum und Schicht eine empirische Eintrittswahrscheinlichkeit für ein n. i. O.-Teil herleitet. Je Schicht lässt sich hiermit über alle Tage eine durchschnittliche Eintrittswahrscheinlichkeit für ein n. i. O.-Teil ermitteln. Auf dieser Grundlage wird dann je Schicht die Wahrscheinlichkeit dafür, genau ein bzw. mindestens ein n. i. O.-Teil zu produzieren, berechnet. Die Ergebnisse unterscheiden sich nur rudimentär von den über die Poisson-Verteilung ermittelten Werten, da die Poisson-Verteilung als Approximation der Binomialverteilung mit $\lambda = n \cdot p$ genutzt

8.3 Hinweise und Lösung

werden kann. Über diese Formel lassen sich die oben je Schicht für die Poisson-Verteilung berechneten Durchschnittswerte identisch reproduzieren.

e. Detaillierte Erläuterungen zur Lösung sind in der zugehörigen Excel-Datei vermerkt. Hier werden nur punktuelle Aspekte gesondert hervorgehoben.

Der eigentlich vorliegende Test auf einen Anteilswert wird nach erfolgreicher Prüfung der Approximationskriterien auf einen Standardnormalverteilungstest zurückgeführt. Das zugehörige Kriterium ist bei der hier vorliegenden Stichprobengröße von $n = 1008$ erfüllt.

Die Testform ist hier „H_0: $\theta \leq \theta_0 = 0{,}01$ gegen H_1: $\theta > \theta_0 = 0{,}01$", da die Befürchtung in der Veränderung nach oben (Verschlechterung des n. i. O.-Anteilswertes) besteht. Eine Verringerung wäre in der Geschäftsbeziehung mit dem OEM zumindest in der Hinsicht kein Problem, dass der Auftrag aufgrund von Qualitätsproblemen entzogen werden könnte.

Um den Wert von SIG. als Risiko für die fälschliche Ablehnung der Nullhypothese zu bestimmen, genügt es, die Wahrscheinlichkeit dafür zu berechnen, dass in der Prüfgröße der aus den Stichprobendaten erhaltene Wert 0,2912 (oder ein noch größerer Wert) auftritt. Das heißt der Fokus liegt rein auf der rechten Endfläche der Standardnormalverteilung. Die Berechnung von SIG. erfolgt somit über 1 − NORM.S.VERT(0,2912; 1); vgl. Abschn. 2.2.4.

Als Endergebnis zeigt sich, dass die Wahrscheinlichkeit dafür, den Prüfgrößenwert von 0,2912 bei Gültigkeit von H_0 zu erhalten, stattliche 38,54 % beträgt. Hieraus wird angesichts unseres Grenzrisikos von 0,5 % geschlossen, dass H_0 nicht verworfen werden kann und somit von keiner Verschlechterung des Anteilswertes der n. i. O.-Teile ausgegangen werden muss. Die Garantiezusage gegenüber dem OEM ist im Moment also nicht infrage zu stellen.

f. Aufgrund der Information in der Fragestellung kann davon ausgegangen werden, dass die vorhandenen Stichprobenwerte der „Dauer" Realisierungen von unabhängigen Zufallsvariablen sind. Außerdem kann man davon ausgehen, dass sie alle derselben Verteilung folgen, ohne dass diese konkret bekannt sein muss. Insofern folgt der Durchschnittswert der Dauer unter Bezugnahme auf den Zentralen Grenzwertsatz einer Normalverteilung.

Der Erwartungswert der Dauern je Schicht (nur aktuellste Werte, d. h. Schicht des letzten vorhandenen Datums, nutzen) kann über das jeweilige arithmetische Mittel der Dauern geschätzt werden (Funktion „MITTELWERT"). Ebenso die Standardabweichung über die Funktion der Stichprobenstandardabweichung (Funktion „STABW.S"). Der Erwartungswert des Durchschnittswertes der Dauer je Schicht ist identisch mit der jeweiligen Schätzung. Die Standardabweichung des Durchschnittswertes der Dauer je Schicht ergibt sich aus der jeweiligen Schätzung dividiert durch die Anzahl der Elemente in der Stichprobe. Letztere ist hier für alle Schichten identisch.

Die Wahrscheinlichkeit dafür, dass die durchschnittliche Dauer über 9 Minuten hinausgeht, wird über den Gegenwert der Verteilungsfunktion der entsprechenden Normalverteilung an der Stelle 9 berechnet (da die rechte Endfläche der Dichtefunktion von Interesse ist). Dieser liegt bei der Spätschicht mit 0,2613 deutlich am höchsten. Die durchschnittlichen Abweichungen bezogen auf die durchschnittlichen Dauern werden durch den Quotienten des Erwartungswertes des Durchschnittswertes mit der Standardabweichung des Durchschnittswertes berechnet, und entsprechen Variationskoeffizienten. In allen Schichten kann hier sehr geringen relativen Schwankungen ausgegangen werden, da alle Werte kleiner als 0,1 sind.

Die durchschnittliche Dauer, mit der man differenziert je Schicht rechnen muss, wenn man höchstens ein Risiko von 1 % tragen möchte, darüber hinauszugehen, entspricht den jeweiligen 0,99-Quantilswerten (berechnet über die Funktion „NORM.INV"). Für die Spätschicht liegt dieser Wert bei 9,055 min.

Literatur

Bleymüller J, Weißbach R (2015) Statistik für Wirtschaftswissenschaftler, 17. Aufl. Vahlen, München

Meißner J, Wendler T (2015) Statistik Praktikum mit EXCEL, 2. Aufl. Springer, Wiesbaden

Fallstudie Organisationsanalyse Versicherungsdienstleister

9.1 Beschreibung der Ausgangslage

Die Versicherung Q+W prüft für die Bearbeitung von Routinevorgängen bei der Schadensprüfung die Einführung eines neuen IT-Systems. Dazu wurden Sachbearbeiter in das System eingearbeitet. Anschließend arbeiteten diese Sachbearbeiter testweise mit dem System reale Vorgänge ab. Diese sind repräsentativ bezogen auf die Grundgesamtheit der jährlich insgesamt 50.000 Vorgänge bei der Schadensprüfung von Q+W.

Für jeden der insgesamt 300 Fälle (= Vorgänge) wurden folgende Daten erfasst (Tabellenblatt „Rohdaten Q+W"):

- Laufende Nummer (Spalte A)
- ID des Bearbeiters (Spalte B)
- Dauer der Bearbeitung (in Minuten) (Spalte C)
- Schwierigkeitsgrad des Vorgangs (Spalte D) mit den Abstufungen
  - 0: leicht
  - 1: mittel
  - 2: schwierig
- Indizierung, ob der Vorgang korrekt bearbeitet worden ist (Spalte E). Mögliche Ausprägungen:
  - 0: nicht korrekt
  - 1: korrekt
- Geschlecht des Sachbearbeiters (Spalte F) mit den Ausprägungen
  - 0: männlich
  - 1: weiblich
- Dauer der Betriebszugehörigkeit des Sachbearbeiters (in Jahren) (Spalte G)
- Alter des Sachbearbeiters (in Jahren) (Spalte H)
- Qualifikation des Bearbeiters (Spalte I), eingeschätzt durch einen Vorgesetzten auf einer äquidistanten Punkteskala von 1 (sehr gering) bis 5 (sehr hoch).

Das befreundete und hinsichtlich Größe und Struktur der Vorgänge zur Schadensprüfung sehr ähnliche Unternehmen OGRE hat ein anderes IT-System unter denselben Bedingungen wie Sie hinsichtlich der Bearbeitungszeit getestet. Die Ergebnisse aus 200 Stichprobenfällen finden Sie im Tabellenblatt „Rohdaten OGRE". Für den Vergleich mit Q+W relevant ist dort lediglich das Merkmal „Dauer der Bearbeitung (in Minuten)" (Spalte B)

9.2 Fragestellungen

a. Sie möchten sich zunächst einen Überblick zu den in der Studie involvierten Sachbearbeitern (in ihrer Charakterisierung nach ID, Geschlecht, Dauer der Betriebszugehörigkeit, Alter und Qualifikation) verschaffen. Gleichzeitig möchten Sie auch ermitteln, wie viele Fälle die einzelnen Sachbearbeiter in der Studie behandelt haben.
Außerdem möchten Sie sehen, wie sich in den bearbeiteten Vorgängen die Anzahlen der Schwierigkeitsgrade, der Dauer der Bearbeitung und die Indizierung der korrekten Bearbeitung im gemeinsamen Auftreten verhalten. Für die Dauer der Bearbeitung möchten Sie sich vorausgehend einen gesonderten Überblick verschaffen.
b. Den ersten Eindruck zum Zusammenhang von „Dauer der Bearbeitung" und „Schwierigkeitsgrad" möchten Sie mit einer statistischen Kennzahl untermauern.
c. Das Merkmal „Dauer der Bearbeitung" beschäftigt Sie danach gedanklich weiter, und Sie möchten überprüfen, wie sich dazu die „Dauer der Betriebszugehörigkeit" verhält. Zur weiteren Interpretation möchten Sie dann Rückbezug auf Ihr Ergebnis aus Teil b) nehmen.
d. Sie möchten die Beziehung zwischen der „Dauer der Bearbeitung" und der „Dauer der Betriebszugehörigkeit" konkreter fassen können – so schwebt Ihnen vor zu ermitteln, mit welcher zusätzlichen Vorgangskomplexität – gemessen in der Bearbeitungsdauer – ein Mitarbeiter rechnen muss, wenn er ein weiteres Jahr im Betrieb verbleibt.
e. Aus der Bearbeitung des vorangegangenen Teils ist klargeworden, dass ein bestimmter Mitarbeiter immer mit derselben „Dauer der Betriebszugehörigkeit", aber in der Regel unterschiedlichen Werten zur „Dauer der Bearbeitung" in die Analyse eingeht. Um dies besser greifbar zu machen, möchten Sie beispielhaft für den Mitarbeiter mit ID 4713 erfassen, in welchem Bereich sich die „Dauer der Bearbeitung" zumindest im Durchschnitt mit einer hohen Wahrscheinlichkeit bewegt. Gehen Sie davon aus, dass ein Mitarbeiter im Normalfall jährlich 1000 Fälle bearbeitet.
f. Sie waren bisher immer der Meinung, dass es, zumindest für den Durchschnitt betrachtet, unerheblich ist, ob man mit dem System von Q+W oder mit dem von OGRE arbeitet. Sie gehen jeweils von repräsentativen Stichproben in den beiden ähnlich strukturierten Unternehmen aus und unterstellen die Qualifikation der jeweiligen Bearbeiter als in etwa gleich.
Wie können Sie prüfen, ob die Leistungen im Sinne von Bearbeitungsdauern der Mitarbeiter von Q+W im Vergleich zu denen von OGRE als gleich angesehen werden können? Bzgl. des entsprechenden Merkmals sind Sie sich in beiden Unternehmen ei-

ner Normalverteilung sicher. Da es dabei letztlich auch um die Bewertung der beiden IT-Systeme geht, möchten Sie nur mit sehr geringem Risiko zu Unrecht auf unterschiedliche Leistungen schließen.

9.3 Hinweise und Lösung

9.3.1 Tangierte Themengebiete

- Häufigkeitsverteilungen
- Bivariate Analyse
- Dependenzanalyse
- Konfidenzintervalle
- Statistische Parametertests

9.3.2 Lösungsfördernde Strukturfragen

a. Welche Merkmale sind relevant?
Was ist bei Merkmalen zu beachten, die in den hier vorgangsbezogenen abgebildeten Datensätzen wiederholend (redundant) aufgeführt sind?
Können die Merkmale (in ihren Merkmalsausprägungen) sukzessive einzeln betrachtet werden, oder ist eine Betrachtung der möglichen Merkmalsausprägungskombinationen nötig? Welchen Wert sollen Sie je Merkmalsausprägung bzw. je Merkmalsausprägungskombinationen darstellen?
Lässt sich dies für alle Merkmale in einer akzeptablen Übersichtlichkeit realisieren? Falls nein, wie können Sie dies beheben?
b. Welche Merkmale sind relevant?
Welche Skalenniveaus weisen die Merkmale auf?
Wird nach einer Ursache-Wirkungsbeziehung (Dependenzanalyse) oder nach einem generellen Zusammenhang gefragt?
Benötigen Sie zur Beantwortung Ihrer Fragen einen funktionalen Zusammenhang oder genügt die Angabe einer einzelnen Kennzahl?
c. Welche Merkmale sind relevant?
Welche Skalenniveaus weisen die Merkmale auf?
Wird nach einer Ursache-Wirkungsbeziehung (Dependenzanalyse) oder nach einem generellen Zusammenhang gefragt?
Benötigen Sie zur Beantwortung Ihrer Fragen einen funktionalen Zusammenhang oder genügt die Angabe einer einzelnen Kennzahl?
d. Welche Merkmale sind relevant?
Welche Skalenniveaus weisen die Merkmale auf?

Wird nach einer Ursache-Wirkungsbeziehung (Dependenzanalyse) oder nach einem generellen Zusammenhang gefragt?
Benötigen Sie zur Beantwortung Ihrer Fragen einen funktionalen Zusammenhang oder genügt die Angabe einer einzelnen Kennzahl?
e. Welches Merkmal ist relevant?
Wie kann man eine Bandbreite für den zu erwartenden Durchschnittswert angeben?
Welche Einordnung können Sie für die Länge dieser Bandbreite geben?
f. Welches Merkmal wird fokussiert?
Genügt die Berechnung einer einzelnen Kennzahl zur Beantwortung der Fragen?
Handelt es sich um einen statistischen Test? Wenn ja:
- Liegen eine oder zwei Stichproben zugrunde?
- Auf welche Parameter geht der statistische Test?

Welche Verteilungsannahmen können Sie anhand der Gegebenheiten annehmen?

9.3.3 Benötigte statistische Methoden

a. Mehrdimensionale absolute Häufigkeitsverteilungen
   Klassierte Häufigkeitsverteilung und Einbinden des klassierten Merkmals in eine mehrdimensionale Häufigkeitsverteilung
b. Rangkorrelation nach Spearman (Rho)
c. Pearson'scher Korrelationskoeffizient
d. Regressionsanalyse mit der „Dauer der Betriebszugehörigkeit" als unabhängiger Variable und der „Dauer der Bearbeitung" als abhängiger Variable.
e. Zweiseitiges Konfidenzintervall für den Erwartungswert bei unbekannter Standardabweichung und hinreichend großer Stichprobe für eine Vertrauenswahrscheinlichkeit von z. B. 95 %.
f. Zwei-Stichprobentest für den Vergleich zweier Erwartungswerte (unabhängige Stichproben)
   Nachweis, dass der Korrekturfaktor für endliche Grundgesamtheiten vernachlässigt werden kann
   Prämissenprüfung bzgl. Varianzgleichheit: Zwei-Stichprobentest für den Quotienten zweier Varianzen
   Führt insgesamt zur Durchführung des Standardnormalverteilungstest (vgl. Abschn. 2.1.2).

9.3.4 Umsetzung in Excel

a. Pivot-Tabellen
   Klassierte Häufigkeitsverteilung für das Merkmal „Dauer der Bearbeitung (in Minuten)" (Datenanalyse – Histogramm) mit vorangehender Bestimmung der Klassenanzahl, sowie des Minimum- und Maximumwertes je Klasse.
b. Im Wesentlichen müssen die Berechnungen durch eigenerstellte Formeln in Excel durchgeführt werden.
   In diesen Formeln oder zur Berechnung von Teilergebnissen kann auf folgende Excel-Funktionen zurückgegriffen werden:
   RANG.MITTELW, MITTELWERT, POTENZ (oder „^"-Operator), SUMME
c. Daten – Datenanalyse – Korrelation
d. Daten – Datenanalyse – Regression
   Weitere Kennzahlenberechnungen auf Grundlage der Ergebnisse der Datenanalysefunktion.
   Die sonst übliche Vorarbeit in Form von Punkt-XY-Diagramme oder Korrelationskoeffizienten, um zu überprüfen, ob ein linearer Funktionstyp gerechtfertigt ist, ist bereits in Teil c) beinhaltet.
e. Berechnung des Konfidenzintervalls in Rückgriff auf die Schätzfunktion STABW.S sowie die Berechnung des Quantilswertes über NORM.S.INV
   ANZAHL2, um die Anzahl der Elemente in der Stichprobe (von „Bearbeiter ID" 4713 bearbeitete Fälle) zu bestimmen. Optional: Pivot-Tabelle.
f. Im Wesentlichen müssen die Berechnungen durch eigenerstellte Formeln in Excel durchgeführt werden. In diesen Formeln oder zur Berechnung von Teilergebnissen kann auf folgende Excel-Funktionen zurückgegriffen werden:
   ANZAHL2, um die Anzahl der Elemente in der Stichprobe zu bestimmen.
   VAR.S, um die Varianzen des Merkmals „Dauer der Bearbeitung" in den beiden Gruppen zu bestimmen
   F.VERT.RE, um die Irrtumswahrscheinlichkeit für das fälschliche Verwerfen von H_0 beim Test auf Varianzgleichheit bei gegebenem Prüfgrößenwert zu bestimmen.
   Alternativ bei vorgegebener Irrtumswahrscheinlichkeit: F.INV zur Bestimmung des Quantilswertes, der für die Ablehnung von H_0 dann vom Prüfgrößenwert unter- oder überschritten werden muss.
   MITTELWERT zur Bestimmung der durchschnittlichen Werte von „Dauer der Bearbeitung" in den beiden Gruppen.
   NORM.S.VERT, um die Irrtumswahrscheinlichkeit für das fälschliche Verwerfen von H_0 beim Test auf die Gleichheit der Erwartungswerte bei gegebenem Prüfgrößenwert zu bestimmen.
   Alternativ bei vorgegebener Irrtumswahrscheinlichkeit: NORM.S.INV zur Bestimmung des Quantilswertes, der für die Ablehnung von H_0 dann vom Prüfgrößenwert überschritten werden muss.

9.3.5 Erläuterungen zur Lösung

a. Für die auf die Bearbeiter bezogene Analyse werden beginnend mit „ID Bearbeiter" alle zu betrachtenden Merkmale aus dem Tabellenblatt „Rohdaten Q+W" bei der Anlage der Pivot-Tabelle in den Bereich „ZEILEN" gezogen. Zusätzlich das Merkmal „ID Bearbeiter" in den Bereich „WERTE" mit der Wertfeldeinstellung „Anzahl" (vgl. Abb. 9.1 links).

Die Häufigkeiten werden dann schrittweise je Merkmalsausprägungskombination angezeigt (vgl. „ID Bearbeiter" 4711 und 4712 in Abb. 9.1 rechts). Da es je Bearbeiter nur eine entsprechende Merkmalsausprägungskombination in den Datensätzen gibt, sind die Anzahlen in allen Detaillierungen identisch. Möchte man nur die Anzahl der bearbeiteten Fälle je Bearbeiter hervorheben, reduziert man die Unterstruktur ab „ID Bearbeiter" (vgl. „ID Bearbeiter" 4713 und folgende in Abb. 9.1 rechts).

In der expandierten Form lässt sich die Charkterisierung des Bearbeiters vornehmen. So ist der Bearbeiter mit ID Bearbeiter 4711 männlich, ein Jahr im Betrieb, 20 Jahre alt und weist ein Qualifikationsniveau von 2 auf (vgl. Abb. 9.1 rechts).

Für die auf die Vorgänge bezogene Analyse geht man analog vor. Hier bietet es sich aber an, die Merkmale wie in Abb. 9.2 (links) auf die Bereiche „ZEILEN" und „SPALTEN" zu verteilen.

Im Resultat erhält man mit reduzierten Knoten zunächst eine gute Übersicht zur gemeinsamen Häufigkeitsverteilung von „Schwierigkeitsgrad" und „korrekter Vorgangsbearbeitung". Zum Beispiel sind (bei einem Schwierigkeitsgrad von 0) 134 von 143 Fällen korrekt bearbeitet (vgl. Abb. 9.2 rechts, erste Häufigkeitszeile). Expandiert man den Knoten, kommt eine weitere Dimension für die „Dauer der Bearbeitung" hinzu, und es werden die Anzahlen bezogen auf die jeweiligen Dreier-Merkmalsausprägungskombinationen angezeigt.

≡ ZEILEN	Σ WERTE
ID Bearbeiter ▼	Anzahl von ID Bearbeiter ▼
Geschlecht Sachbearbeiter ▼	
Dauer Betriebszugehörig… ▼	
Alter ▼	
Qualifikation des Sachbe… ▼	

Zeilenbeschriftungen	Anzahl von ID Bearbeiter
⊟ 4711	25
⊟ 0	25
⊟ 1	25
⊟ 20	25
2	25
⊟ 4712	35
⊟ 0	35
⊟ 1,5	35
⊟ 24	35
4	35
⊞ 4713	38
⊞ 4714	29
⊞ 4715	27
⊞ 4716	26
⊞ 4717	19

Abb. 9.1 Einstellung und Ergebnis Pivot-Tabelle bearbeiterbezogene Analyse

9.3 Hinweise und Lösung

Anzahl Schwierig-keitsgrad	Vorgangs-bearbeitu... Korrekte Vorgangsbe-arbeitung		Gesamt-ergebnis
	0	1	
⊟ 0	9	134	143
10		16	16
11	1	2	3
12		1	1
13		2	2
14		1	1
15		7	7
16		7	7
17		10	10
18		12	12
19	1	16	17
20		16	16
21	2	15	17
22	1	9	10
23		8	8
24	4	7	11
25		1	1
26		3	3
28		1	1
⊞ 1		64	64
⊞ 2		93	93
Gesamt-ergebnis	9	291	300

FILTER

SPALTEN
Korrekte Vorgangsbe-arbeitung ▼

ZEILEN
Schwierigkeits-grad des Vorga... ▼
Dauer der Bearbeitung (in Min.) ▼

Σ WERTE
Anzahl von Schwierigkeits-grad... ▼

Abb. 9.2 Einstellung und Ergebnis Pivot-Tabelle vorgangsbezogene Analyse

Da das Merkmal „Dauer der Bearbeitung" aber sehr viele Merkmalsausprägungen mit eher geringen absoluten Häufigkeiten aufweist, empfiehlt sich an dieser Stelle eine Klassierung des Merkmals und die Darstellung der Häufigkeitstabelle unter Rückgriff auf die Klassennummer statt der „Dauer der Bearbeitung" selbst.
Bei einer Bandbreite der „Dauer der Bearbeitung" von 125 (MAX − MIN) bieten sich z. B. 5 Klassen zu je der Breite 25 an. Eine klassierte Häufigkeitsverteilung (Datenanalyse – Histogramm; Einstellung entsprechend Abb. 9.3 links) bringt zusätzlich einen ersten Eindruck (vgl. Abb. 9.3 rechts).
Diese Klassenzuordnung wird mit dem Merkmal „Klasse Dauer der Bearbeitung" dem Tabellenblatt „Rohdaten Q+W" (Spalte J) manuell[1] hinzugefügt und anschließend die angepasste Pivot-Tabelle erzeugt (hier mit allen Knoten expandiert dargestellt; vgl. Abb. 9.4). Die Einstellungen hierfür sind analog wie in Abb. 9.2 links, wobei „Dauer der Bearbeitung" durch „Klasse Dauer der Bearbeitung" ersetzt wird. Die auf die erste Ebene eingerückten Merkmalsausprägungen in den Zeilen stehen also für die entsprechenden Klassennummern.

---

[1] Nach Sortierung der Datensätze nach „Dauer der Bearbeitung" in diesem Tabellenblatt ist dies im Vergleich zur Verwendung von SVERWEIS der praktikablere Weg.

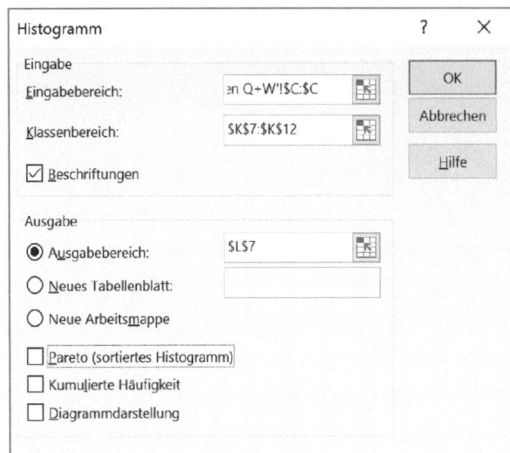

	J	K	L	M
7	Klasse	Obergrenze	Obergrenze	Häufigkeit
8	1	25	25	148
9	2	50	50	60
10	3	75	75	13
11	4	100	100	70
12	5	125	125	8
13			und größer	1

Abb. 9.3 Klassierte Häufigkeitsverteilung für „Dauer der Bearbeitung"

Von der Tendenz her lässt sich damit recht eindeutig nachvollziehen, dass die hohen Bearbeitungsdauern vorwiegend beim hohen Schwierigkeitsgrad anzutreffen sind, die niedrigen vorwiegend beim leichten Schwierigkeitsgrad. Auffällig ist, dass die nicht korrekten Bearbeitungen alle in die Kombination von leichtem Schwierigkeitsgrad und kleinster Bearbeitungsdauerklasse fallen. Dies könnte ein Hinweis dafür sein, dass das neue System Flüchtigkeitsfehler begünstigt.

Abb. 9.4 Ergebnis Pivot-Tabelle vorgangsbezogene Analyse mit klassierten Dauern

Anzahl Schwierigkeitsgrad	Vorgangsbearbeitung		
	0	1	Gesamt
⊟ 0	9	134	143
1	9	130	139
2		4	4
⊟ 1		64	64
1		8	8
2		54	54
3		2	2
⊟ 2		93	93
1		1	1
2		2	2
3		11	11
4		70	70
5		9	9
Gesamt	9	291	300

9.3 Hinweise und Lösung

b. Im Ausgangspunkt werden die Merkmale
   - Lfd. Nr. (Spalte A)
   - ID Bearbeiter (Spalte B)
   - Schwierigkeitsgrad des Vorgangs – folgend mit SV bezeichnet (Spalte C)
   - Klasse Dauer der Bearbeitung – folgend mit KDB bezeichnet (Spalte D)

   in ein gesondertes Tabellenblatt kopiert.
   Zur Berechnung der benötigten Rangkorrelationskennzahl werden im Weiteren folgende Schritte abgearbeitet (alternativ ist nach Berechnung der Rangwerte je Merkmal die Anwendung der Funktion „KORREL" für die Rangwerte der Merkmale möglich):
   - Bestimmen der Rangwerte je Merkmal und Datensatz. Am Beispiel für SV und den ersten Datensatz in Spalte E: „=RANG.MITTELW(C2;C:C;1)". Für KDB analog in Spalte F.
   - Bestimmen des Rangmittelwertes je Merkmal. Am Beispiel für SV in Zelle G2: „=MITTELWERT(E2:E301)". Für KDB analog in Zelle H2
   - Rangdifferenz am Beispiel SV für den ersten Datensatz in Spalte I: „=E2-$G$2". Für KDB analog in Spalte K.
   - Quadrieren der Rangdifferenz am Beispiel SV für den ersten Datensatz in Spalte J: „=I2^2". Für KDB analog in Spalte L.
   - Berechnen der „Zählersummanden" am Beispiel des ersten Datensatzes in Spalte M: „=I2*K2"
   - Die eigentliche Rangkorrelationskennzahl gemäß der Formel

   $$r_S = \frac{\sum_{i=1}^{n}(r(x_i) - \bar{r}(X)) \cdot (r(y_i) - \bar{r}(Y))}{\sqrt{\sum_{i=1}^{n}(r(x_i) - \bar{r}(X))^2 \cdot \sum_{i=1}^{n}(r(y_i) - \bar{r}(Y))^2}}$$

   wird abschließend wie folgt berechnet:
   =SUMME(M2:M301)/WURZEL(SUMME(J2:J301)*SUMME(L2:L301))
   Resultate und Schlussfolgerungen:
   - Ergebniswert: 0,94596. Das heißt es besteht sehr starker gleichgerichteter Zusammenhang zwischen „Schwierigkeitsgrad des Vorgangs" und „Klasse Dauer der Bearbeitung".
   - Zur Detailanalyse kann man auf die Daten aus Teil a) zurückgreifen. Je geringer (höher) der „Schwierigkeitsgrad des Vorgangs" ist, desto kleiner (größer) ist auch die „Dauer der Bearbeitung".
   - Der Signifikanztest zeigt, dass der Ergebniswert bei einer Irrtumswahrscheinlichkeit von $8{,}84 \cdot 10^{-148}$ für das fälschliche Ablehnen von H_0 (der Rangkorrelationskoeffizient sei 0, d.h. es gibt keinen Zusammenhang zwischen den betrachteten Merkmalen) hochsignifikant ist.

c. Da hier beide Merkmale metrisches Skalenniveau aufweisen, muss nicht auf „Klasse Dauer der Bearbeitung" zurückgegriffen werden. Es kann mit den Originaldaten gerechnet werden.

Für eine übersichtlichere Darstellung der Einträge beim Aufruf der Datenanalysefunktionen werden die Merkmale „Dauer der Bearbeitung" (Spalte A) und „Dauer Betriebszugehörigkeit Sachbearbeiter" (Spalte B) in ein gesondertes Tabellenblatt kopiert und die entsprechenden Spalten über die Dialogfolge „Daten – Datenanalyse – Korrelation" in „Bereich – Eingabebereich" eingetragen (vgl. Abb. 9.5 links).

Das Ergebnis von 0,88 (vgl. Abb. 9.5 rechts) zeigt, dass je länger die Betriebszugehörigkeit ist, desto länger auch die Dauer der Bearbeitung eines Falles ist. Dies wäre zunächst inhaltlich nicht sonderlich plausibel, wenn man doch eher davon ausgehen würde, dass mit einer langen Betriebszugehörigkeit eine hohe Erfahrung und damit eine effiziente Bearbeitung einhergehen sollte. Aus der Voranalyse weiß man aber, dass es einen hohen Zusammenhang zwischen der Dauer der Bearbeitung und dem Schwierigkeitsgrad der Fälle gibt. Dies könnte das vorliegende Ergebnis wiederum plausibel machen, wenn man der Vermutung folgte, dass den erfahrenen Mitarbeitern vorwiegend die schwierigen Fälle zugeordnet werden. Dies könnte (nach Klassierung von „Dauer der Betriebszugehörigkeit") selbstredend mit einer weiteren Rangkorrelationsanalyse mit „Klasse Dauer der Bearbeitung" formell nachgewiesen werden.

Der zusätzlich eigenerstellte Signifikanztest zeigt, dass der Ergebniswert bei einer Irrtumswahrscheinlichkeit von $1{,}52 \cdot 10^{-98}$ für das fälschliche Ablehnen von H_0 (der Korrelationskoeffizient sei 0, d. h. es gibt keinen Zusammenhang zwischen den betrachteten Merkmalen) hochsignifikant ist.

d. Aus dem Tabellenblatt „Rohdaten Q+W" werden über die Dialogfolge „Daten – Datenanalyse – Regression" das Merkmal „Dauer der Bearbeitung" in „Eingabe – Y-Eingabebereich" und das Merkmal „Dauer der Betriebszugehörigkeit" in „Eingabe – X-Eingabebereich" eingetragen (vgl. Abschn. 2.2.2).

Im Ergebnis mit rund 77,5 % durch die unabhängige Variable „Dauer Betriebszugehörigkeit Sachbearbeiter" erklärtem Anteil an der Gesamtvarianz der abhängigen Variable „Dauer der Bearbeitung" kann der Gesamtansatz als „gut" bezeichnet werden (vgl. Abb. 9.6 links).

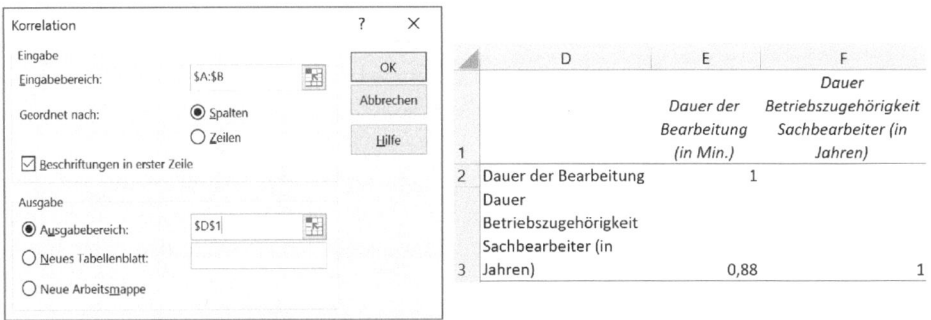

Abb. 9.5 Einstellung und Ergebnis Korrelationsanalyse „Dauer Bearbeitung" und „Betriebszugehörigkeit"

Regressions-Statistik			Freiheits-		
Multipler Korrelationskoeffizient	0,880		grade	Prüfgröße (F)	F krit
Bestimmtheitsmaß	0,775	Regression	1	1026,68	1,52E-98
Adjustiertes Bestimmtheitsmaß	0,774	Residue	298		
Standardfehler	16,032	Gesamt	299		
Beobachtungen	300				

Abb. 9.6 Regressionsanalyse – globale Güte

Die Stabilität der BHM-Schätzung kann durch den Quotient von Standardfehler (16,03; vgl. Abb. 9.6 links) und Mittelwert von „Dauer der Bearbeitung" (44,87; Formel: MITTELWERT('Rohdaten Q+W'!C2:C301)) sowie anschließender Interpretation als Variationskoeffizient bewertet werden. Mit 0,3573 liegt hier allerdings eine hohe relative Schwankung der Schätzung vor. Dies lässt sich daraus erklären, dass insgesamt nur 12 Bearbeiter – in der Bearbeitung unterschiedlicher Vorgänge, die in der Regel verschiedene Bearbeitungszeiten nach sich zogen – betrachtet worden sind (vgl. Abb. 9.7). Insofern ist offensichtlich, dass es noch weitere Einflussgrößen auf die „Dauer der Bearbeitung" gibt.

Die Wurzel des R^2-Wertes (Bestimmtheitsmaß) entspricht in der linearen Einfachregression dem Korrelationskoeffizienten und wird als „Multipler Korrelationskoeffizient" in der Ausgabe von Abb. 9.6 links angezeigt. Somit lässt sich der Wert aus Teil b) wiederfinden.

Das Signifikanzniveau des F-Tests F krit zeigt, dass das Bestimmtheitsmaß aber signifikant von 0 verschieden ist, weil die zugehörige Nullhypothese, dass das Bestimmtheitmaß gleich 0 sei, mit einer Irrtumswahrscheinlichkeit von $1,52 \cdot 10^{-98}$ (also faktisch 0) abgelehnt werden kann (vgl. Abb. 9.6 rechts).

Im sich anschließenden Ausgabeblock können die Regressionskoeffizienten und somit der Einfluss der unabhängigen Variable auf die abhängige Variable detaillierter analysiert werden (vgl. Abb. 9.8).

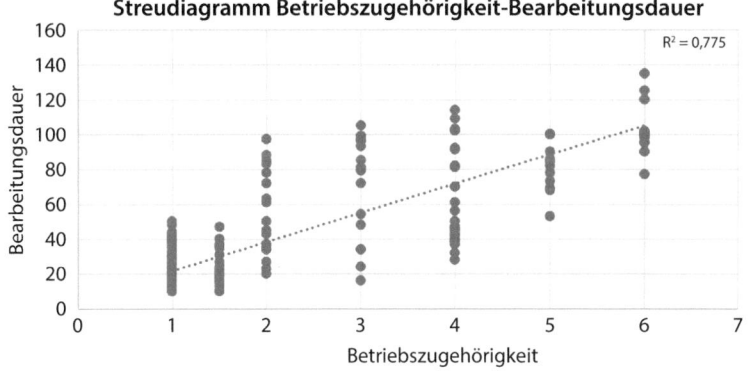

Abb. 9.7 Streudiagramm „Betriebszugehörigkeit" zu „Bearbeitungsdauer"

	Koeffizienten	Standardfehler	t-Statistik	P-Wert	Untere 95%	Obere 95%	Relative Breite des KI
Schnittpunkt	5,348	1,542	3,468	0,001	2,314	8,383	
Dauer Betriebszug	16,664	0,520	32,042	0,000	15,641	17,688	0,031

Abb. 9.8 Regressionsanalyse – Güte Regressionskoeffizienten

Das Signifikanzniveau des t-Tests („P-Wert") zeigt für die Variable „Dauer Betriebszugehörigkeit" mit einem Wert von 0 (also einer Irrtumswahrscheinlichkeit von 0 % für die fälschliche Ablehnung der Nullhypothese, dass der Regressionskoeffizient gleich 0 sei), dass dieser Regressionskoeffizient im gewählten Modell nicht nur zufällig von 0 verschieden ist. Das heißt, insgesamt kann für das Modell der Einfluss der unabhängigen Variable „Dauer Betriebszugehörigkeit" auf das Merkmal „Bearbeitungsdauer" als statistisch signifikant angesehen werden.

Die Regressionsfunktion lautet bei einer Notation der unabhängigen Variable mit X_1 und einer Genauigkeit auf 4 Nachkommastellen:

$$\hat{Y} = 5{,}3484 + 16{,}6640 \cdot X_1$$

Das heißt ein Mitarbeiter muss, wenn er ein weiteres Jahr im Betrieb verbleibt, mit einer zusätzlichen Vorgangskomplexität – gemessen in der Bearbeitungsdauer – von 16,664 min rechnen.

Die Breite des Konfidenzintervalles der Schätzung des Regressionskoeffizienten lässt sich wiederum durch den Quotienten von Standardfehler und Koeffizient in der Interpretation als Variationskoeffizient beurteilen. Die entsprechende Spalte („Relative Breite des KI") in Abb. 9.8 ist nicht Bestandteil der Standardausgabe, sondern mittels der Formel manuell ergänzt worden. Hier erhält man mit 0,031 einen sehr geringen Wert, so dass die Schätzung des Regressionskoeffizienten als stabil angesehen werden kann. Der Mitarbeiter kann sich also auf die o. a. Abschätzung im Sinne einer Prognose gut verlassen.

e. Aus dem Tabellenblatt „Rohdaten Q+W" werden zunächst die Daten zu „ID Bearbeiter" (in Spalte A) „Dauer der Bearbeitung" (in Spalte B) und „Schwierigkeitsgrad des Vorgangs" (in Spalte C), aber nur für den Mitarbeiter mit ID 4713, in ein neues Tabellenblatt kopiert.

Da keine Verteilungsannahme für „Dauer der Bearbeitung" vorliegt, könnte vorab ein Test auf Normalverteilung durchgeführt werden. Da die Stichprobengröße eingeschränkt auf die ID 4713 mit 38 Elementen aber die Anwendung des Zentralen Grenzwertsatzes zulässt, kann das Konfidenzintervall für den Erwartungswert bei unbekannter Standardabweichung und hinreichend großer Stichprobe über einen Quantilswert der Standardnormalverteilung berechnet werden.

Das Konfidenzintervall besagt, dass man mit einer 95 % Sicherheit für die „Dauer der Bearbeitung" beim Bearbeiter mit der ID 4713 im Durchschnitt einen Wert zwischen

9.3 Hinweise und Lösung

19,22 bis 24,10 erwarten kann. Weiter kann man festhalten, dass die Schätzung des Intervalls an sich recht stabil ist, da die relative Länge des Intervalls bei 0,0575 liegt (geschätzte Standardabweichung aus der Berechnung des Konfidenzintervalls dividiert durch das arithmetische Mittel; Interpretation entsprechend Variationskoeffizient).

Das Zustandekommen dieses Ergebnisses lässt sich inhaltlich anhand einer Pivot-Tabelle als zweidimensionale Häufigkeitstabelle mit „ID Bearbeiter" und „Schwierigkeitsgrad des Vorgangs" gut nachvollziehen, da der Mitarbeiter mit der ID 4713 vorwiegend leichte Fälle bearbeitet hat, und diese entsprechend der vorangegangenen Analyse mit geringen Bearbeitungszeiten einhergehen, d. h. einen begrenzten Bereich betreffen.

Somit ist die Breite in „Dauer der Bearbeitung" für diesen Bearbeiter gar nicht so groß. Würde sich dies auch für die anderen Bearbeiter so darstellen, würde dies das Vertrauen in die Ergebnisse aus dem vorangegangenen Teil weiter stärken – obwohl dort isoliert ja schon die Stabilität des Regressionskoeffizienten geprüft wurde.

f. Detaillierte Erläuterungen zur Lösung sind in der zugehörigen Excel-Datei vermerkt. Hier werden nur punktuelle Aspekte gesondert hervorgehoben. Die betroffenen Merkmale können direkt aus den Tabellenblättern „Rohdaten Q+W" (Spalte C) und „Rohdaten OGRE" (Spalte B) entnommen werden.

Zunächst muss mit dem Zwei-Stichprobentest auf die Gleichheit von Varianzen geprüft werden, ob die Varianzen der „Dauer der Bearbeitung" in den beiden Unternehmen als gleich oder verschieden angenommen werden müssen. Die hierfür sicherzustellende Prämisse der Normalverteilung der „Dauer der Bearbeitung" in beiden Gruppen darf gemäß Vorgabe als erfüllt angesehen werden. Hieraus resultiert dann die Variante des Tests für die eigentlich interessierende Fragestellung, nämlich, ob die durchschnittliche „Dauer der Bearbeitung" in den beiden Unternehmen als gleich angenommen werden kann oder nicht.

Im Test auf die Gleichheit von Varianzen folgt die Verteilung der Prüfgröße einer F-Verteilung. In der vorliegenden zweiseitigen Testform ($H_0: \sigma_1^2 = \sigma_2^2$, $H_1: \sigma_1^2 \neq \sigma_2^2$) müsste zur Ablehnung der Nullhypothese der Wert der Prüfgröße einen unteren Quantilswert der gegebenen F-Verteilung unterschreiten, oder einen oberen Quantilswert überschreiten. Zur abschließenden Berechnung von SIG. muss vorab eine Tendenz ausgemacht werden, ob man sich eher an der unteren oder an der oberen Grenze bewegt. Dazu kann ein beliebiger Wert für α vorgegeben werden. In unserem Fall sehen wir, dass mit dem Wert der Prüfgröße aus den Stichprobendaten eher die obere Grenze überschritten werden könnte (für ein α von 0,01 wäre das bereits realisiert).

Insofern ist die Wahrscheinlichkeit dafür zu berechnen, dass bei unterstellter Gültigkeit der Nullhypothese für die Prüfgröße der aus den Stichprobendaten erhaltene Wert 1,92 (oder ein noch größerer Wert) auftritt. Dazu kann die Funktion F.VERT.RE für den durch die Stichproben realisierten Prüfgrößenwert ausgewertet werden, und damit die rechte Endfläche der Verteilung ausgehend vom Prüfgrößenwert berechnet werden. Da man damit bei Vorliegen eines zweiseitigen Tests die Risikofläche aber nur auf einer Seite spezifiziert, muss der so erhaltene Wert noch einmal verdoppelt werden.

Im vorliegenden Fall beträgt das Risiko für das fälschliche Verwerfen des Sachverhaltes, dass die Varianzen in beiden Gruppen gleich seien, $9{,}65 \cdot 10^{-7}$ und ist damit nahe 0. Insofern dürfen wir schließen, dass sich die Varianzen der Auslastung der Standorte A und C signifikant unterscheiden.

Dies führt zur Anwendung des Standardnormalverteilungstests für die eigentliche Fragestellung bzgl. der durchschnittlichen „Dauer der Bearbeitung" in den beiden Unternehmen (vgl. Abschn. 2.1.2). Bei einer Grundgesamtheit von 50.000 Routine-Schadensfällen in beiden Unternehmen (Q+W und OGRE sind als „ähnlich" bezeichnet), können die Korrekturterme jeweils vernachlässigt werden.

Insofern ist die Wahrscheinlichkeit dafür zu berechnen', dass bei unterstellter Gültigkeit der Nullhypothese (die Erwartungswerte seien gleich) für die Prüfgröße der aus den Stichprobendaten erhaltene Wert 0,87 (oder betragsmäßig ein noch größerer Wert) auftritt. Dazu kann die Funktion NORM.S.VERT für den durch die Stichproben realisierten Prüfgrößenwert ausgewertet werden, und durch Subtraktion des Ergebnisses von 1 damit die rechte Endfläche der Verteilung ausgehend vom Prüfgrößenwert berechnet werden (vgl. Abschn. 2.2.4). Da man damit bei Vorliegen eines zweiseitigen Tests die Risikofläche aber nur auf einer Seite spezifiziert, muss der so erhaltene Wert noch einmal verdoppelt werden.

Im Ergebnis zeigt sich dann, dass die Erwartungswerte von „Dauer der Bearbeitung" – entsprechend der Vermutung – weiterhin als gleich angenommen werden müssen. Die zugehörige Nullhypothese könnte nur mit einem Risiko von 38,45 % verworfen werden. Demzufolge werden Sie in Ihrer Meinung, dass es unerheblich ist, ob man mit dem System von Q+W, oder mit dem von OGRE arbeitet, bestätigt.

Ergänzend wurde für diese Situation die Testdurchführung mit den Datenanalysefunktionen vorgenommen.

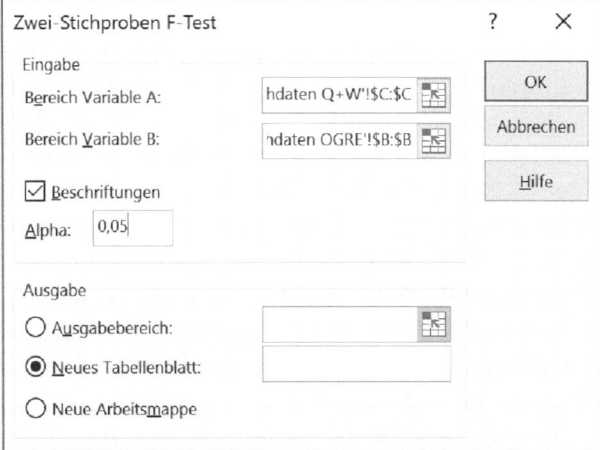

Abb. 9.9 Einstellungsdialog Zwei-Stichproben F-Test

Abb. 9.10 Einstellungsdialog Zweistichproben *t*-Test bei unterschiedlichen Varianzen

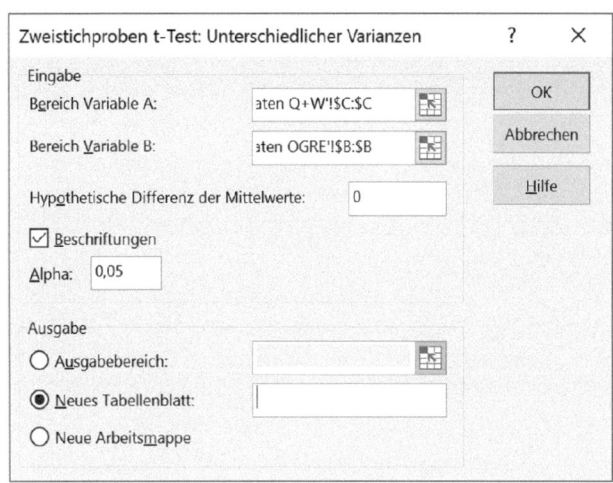

In Abb. 9.9 sind die für den Zwei-Stichprobentest auf die Gleichheit von Varianzen (Daten – Datenanalyse – Zwei-Stichproben *F*-Test) vorzunehmenden Einstellungen in den Datenanalysefunktionen aufgezeigt.

Die Ergebnisdarstellung ist im Tabellenblatt „f) VAR-Vgl. mit DAF" der Lösungsdatei enthalten. Hier finden sich der Wert der Prüfgröße im Eintrag „Prüfgröße (F)" (welcher identisch ist mit dem in Teil f) berechneten „Wert der Prüfgröße") sowie das Signifikanzniveau für die Ablehnung der Nullhypothese in der Angabe zu „$P(F \leq f)$ einseitig". Dieses muss für den zweiseitigen Test noch verdoppelt werden und ergibt dann denselben Wert wie bei der zuvor in Teil f) detailliert vorgenommenen Testdurchführung.

In Abb. 9.10 sind die für den Zwei-Stichprobentest auf die Gleichheit von Erwartungswerten (Daten – Datenanalyse – Zweistichproben *t*-Test: Unterschiedlicher Varianzen) vorzunehmenden Einstellungen in den Datenanalysefunktionen aufgezeigt.

Die Ergebnisdarstellung erfolgt im Tabellenblatt „f) EW-Vgl. mit DAF". Hier finden sich der Wert der Prüfgröße (ohne Betrag) im Eintrag zu „*t*-Statistik" (vgl. „Prüfgröße PG" in der ausführlichen Darstellung zu Teil f)) sowie das Signifikanzniveau für die Ablehnung der Nullhypothese in der Angabe zu „$P(T \leq t)$ zweiseitig" (vgl. „SIG." in der ausführlichen Darstellung zu Teil f)). Da in der zuvor detailliert vorgenommenen Testdurchführung die approximative Variante über die Standardnormalverteilung und hier ein *t*-Test angewandt wurde, unterscheiden sich die Ergebnisse rudimentär.

Allgemeine Empfehlungen zur Herangehensweise an Datenstudien

10

Die folgenden Empfehlungen gehen davon aus, dass der Untersuchungsgegenstand im Wesentlichen geklärt ist und das relevante Datenmaterial vorliegt. Häufig ist es allerdings so, dass sich der Untersuchungsgegenstand nach den ersten Datenanalysen verändert oder konkretisiert.

Insofern ergibt sich aus sachlogischer Sicht die zentrale Handlungsanweisung, die entsprechenden Untersuchungshypothesen zu formulieren und die Vorgehensweise bei deren Überprüfung zu dokumentieren.

Um einen ersten Eindruck von den Daten zu erhalten, sollten die folgenden Methoden angewendet werden:

- Grafische und tabellarische Aufbereitung von Häufigkeiten der relevanten Merkmale. Bei metrischem Skalenniveau und vielen Merkmalsausprägungen mit geringen absoluten Häufigkeiten ist eine Klassierung der Daten voranzustellen.
- Begleitend dazu bietet sich die Angabe eindimensionaler Mittelwert- und Streuungskennzahlen zu den Merkmalen an.
- Als Anhaltspunkte können die Fragestellungen aus der Fallstudie „Fernbuslinie" und der Fallstudie „Organisationsanalyse Versicherungsdienstleister" dienen.
- Insbesondere, wenn Kennzahlen benutzt werden, die unmittelbar durch Ausreißer beeinflusst werden (Arithmetisches Mittel, Standardabweichung), sollte **möglichst vorab** eine Ausreißeridentifikation z. B. über Boxplots durchgeführt werden, um den Datenbestand vor der Ableitung von Handlungsempfehlungen oder der Durchführung weitergehender Analysen zu bereinigen. Vgl. Fallstudie „Warendisposition Handelsunternehmen".

Je nachdem, wie konkret die Untersuchungshypothesen zu diesem Analysezeitpunkt vorliegen, kann sich ggf. an dieser Stelle bereits eine

- Zusammenhangsanalyse (Bivariate Analyse in Form von Korrelations- bzw. Kontingenzanalysen) bzgl. der gegenseitigen Beeinflussung je zweier Merkmale,
oder auch eine
- Dependenzanalyse (Regressionsanalyse) zur Überprüfung des Einflusses einer oder mehrerer unabhängiger Variablen auf eine abhängige Variable,

anschließen.

Ansonsten bietet sich eine sukzessive Differenzierung der Häufigkeitsverteilungen und zugehörigen Kennzahlen nach weiteren („Gruppierungs-") Merkmalen an. Hiermit können Unterschiede in den jeweiligen „Gruppen" identifiziert werden, die Anlass für einen differenzierten Maßnahmenkatalog oder für weitergehende Untersuchungen geben können. Letzteres könnte z. B. (eine Sequenz von) Zwei-Stichprobentests nach sich ziehen. Wird eine große Anzahl solcher Tests in mehr oder weniger exploratorischem Vorgehen durchgeführt, sollte dann, nachdem man sich über die Szenarien und Testfälle im Klaren ist, aus Effizienzgründen auf die Möglichkeit der Datenanalysefunktionen von Excel zurückgegriffen werden.

Soll ein bestimmter Parameter eines Merkmals auf Werteveränderung überprüft werden, steht das Repertoire der Ein-Stichprobentests und der Konfidenzintervalle zur Verfügung.

Generell sollten vor der Durchführung von Tests (auch z. B. des Unabhängigkeitstests in der Kontingenzanalyse) dezidiert die Anwendungsvoraussetzungen geprüft werden. Hier steht sehr häufig die Normalverteilungsannahme im Vordergrund. Kann hier nicht anderweitig (z. B. über Approximationskriterien oder den Zentralen Grenzwertsatz) argumentiert werden, ist ein Test auf Normalverteilung durchzuführen.

Zuletzt sei noch auf den speziellen Analyseaspekt von Zeitreihendaten hingewiesen. Hier spielt die Kenntnis des zugrundeliegenden Anwendungskontextes in der Regel eine noch größere Rolle als bei den anderen Analysemethoden. Nur so lassen sich z. B. punktuelle Besonderheiten erklären und bei der Analyse und Fortschreibung der Zeitreihe nutzen. Auch die adäquate zeitliche Abgrenzung sollte damit leichter fallen. Als pragmatische Herangehensweise bietet es sich an, einen ersten Teilbereich des entsprechenden Zeitraumes mit vorliegenden bekannten Daten als Analysezeitraum zu nutzen, und pro forma die Fortschreibung auf einen zweiten Zeitraum mit ebenfalls bereits bekannten Daten vorzunehmen, um so die verwendeten Methoden und Modelle zu überprüfen (vgl. Fallstudie „Call-Center").

MIX
Papier aus verantwortungsvollen Quellen
Paper from responsible sources
FSC® C105338

If you have any concerns about our products,
you can contact us on
ProductSafety@springernature.com

In case Publisher is established outside the EU,
the EU authorized representative is:
**Springer Nature Customer Service Center GmbH
Europaplatz 3, 69115 Heidelberg, Germany**

Printed by Libri Plureos GmbH
in Hamburg, Germany